I0821128

5 consejos para potenciar la inteligencia

Biblioteca Enrique Rojas

Enrique Rojas

5 consejos para potenciar la inteligencia

ESPASA

Obra editada en colaboración con Editorial Planeta – España

Diseño de la portada: Booket / Área Editorial Grupo Planeta
Ilustración de la portada: © MJgraphics / Shutterstock

Bajo el sello editorial BOOKET M.R.
Avenida Presidente Masarik núm. 111,
Piso 2, Polanco V Sección, Miguel Hidalgo
C.P. 11560, Ciudad de México
www.planetadelibros.com.mx

Primera edición impresa en España en Booket: noviembre de 2023
ISBN: 978-84-670-7134-4

Primera edición impresa en México en Booket: julio de 2024
ISBN: 978-607-39-1707-0

Impreso en los talleres de Impregráfica Digital, S.A. de C.V.
Av. Coyoacán 100-D, Valle Norte, Benito Juárez
Ciudad de México, C.P. 03103
Impreso en México - *Printed in Mexico*

Biografía

Enrique Rojas es catedrático de Psiquiatría y Psicología Médica y director del Instituto Rojas-Estapé de Madrid. Ha sido Médico Humanista del Año en España. Pertenece al capítulo español del Club de Roma. Ha recibido el Máster de Alta Dirección de España. Acaba de obtener el premio Pasteur de Medicina e Investigación Médica otorgado por la Asociación Europea de Economía y Competitividad. Sus libros tienen dos vertientes: los *clínicos*, dedicados a las depresiones, la ansiedad, la crisis de pánico, los trastornos de la personalidad y los trastornos de conductas en los adolescentes; y otros de *ensayo y temas humanísticos* sobre la felicidad, la voluntad, el mundo de los sentimientos o el desamor. Ha participado en numerosas ferias del libro en Europa y América, en las que su obra ha tenido una excelente acogida. Ha vendido más de tres millones de libros. Su obra ha sido traducida a numerosos idiomas: del inglés al alemán, pasando por el ruso, el italiano, el polaco o el portugués.

ÍNDICE

A mis cuatro hijas: Marian, Cristina, Isabel y Almudena. Y a la juventud de nuestro tiempo, para que no olvide la importancia del *orden,* la *constancia,* la *voluntad* y la *motivación* como pilares del éxito y del equilibrio personal.

capítulo
I

¿Qué es la inteligencia?

La inteligencia es la lucidez de la razón

La palabra *inteligencia* procede de dos voces latinas: *intus* y *legere*, lo que sería «leer por dentro». No es fácil, como veremos a lo largo de las páginas de este libro, dar una definición sencilla y clara, pues debo decir de entrada que existen muchos tipos de inteligencia. Debemos por tanto hablar de *inteligencias en plural* y, como veremos en otro capítulo, podemos describir una serie de modalidades en donde los muchos matices que se dan originan un inventario amplio con todo tipo de particularidades en las que poner el acento.

Voy a ir dando una serie de definiciones que no son sino pinceladas que nos acercan, que nos aproximan a lo que realmente se esconde en el interior de este concepto. *Inteligencia es capacidad para captar la realidad en su complejidad y en sus conexiones*. Es tener una visión verdadera de la *realidad*, con todo lo que eso significa. *Inte-*

ligencia es saber distinguir lo accesorio de lo fundamental. Lo diría de otra manera: *inteligencia es capacidad de síntesis* o también *capacidad para recibir información (input), procesarla de forma adecuada y dar respuestas eficaces que se ajustan a la realidad (output)*. Por tanto se trata de la habilidad computacional para seguir la línea mejor, el comportamiento más sano, para ser más libre e independiente. No debemos perder de vista que son muchas las dimensiones que se hospedan dentro de la inteligencia. Las iré desgranando en el curso de las siguientes páginas.

Dentro de esta cascada de conceptos la inteligencia implica *saber utilizar los instrumentos de la razón*[1] *de forma eficaz y productiva*. Allí donde hay comprensión lógica o racional, allí hay una persona inteligente. Inteligencia es saber ensayar una solución adecuada a un problema concreto. En una palabra: libre juego de las facultades superiores para saber pensar, dirigiendo nuestra conducta de forma equilibrada, estando en la realidad.

El novelista William Golding, en su libro *El señor de las moscas*, nos cuenta una historia protagonizada por náufragos. En una isla deshabitada un grupo de niños ha sobrevivido a un accidente aéreo y necesitan organizar su vida. Destacan dos niños: uno, Ralph, es bastante razonable y

1. Debo preguntarme cuáles son *los principales instrumentos de la razón*. Solo un apunte al respecto: se trata del lenguaje, que es la función principal de la comunicación, la lógica, el espíritu crítico, la abstracción, el juicio, el pensamiento operativo, etc. Definir es limitar.

pide unas normas; otro, Jack, se convierte en su contrincante, totalmente opuesto. Es la razón frente a la espontaneidad sin sujeción. El primero es más bien tímido y cerebral; el segundo es bastante más vital y llega a ser violento en su afán de que no existan reglas: ¡que entre con fuerza el relativismo! Pero asoma un tercer personaje: Piggy, un niño listo y débil, asmático, que se da cuenta de la gravedad de la situación. Él quiere también unas reglas y se acuerda de la central de autobuses de su pueblo, con sus luces y sus señales, que indican por dónde hay que ir. Es importante saber que la *inteligencia natural*, la que cada uno tiene como dotación genética, debe ser pulida, limada, retocada, ilustrada para que se le pueda sacar el mejor rendimiento.

Por ello *la inteligencia consiste en un conjunto de operaciones para manejar la información remota y reciente que da como resultado un comportamiento positivo, equilibrado, sano*. Hay un caudal de datos y experiencias que vienen de nuestra biografía y que deben combinarse con lo actual. Se juntan el pasado vivido y el presente fugaz. *La inteligencia es el arte y el oficio de utilizar los distintos componentes de nuestro patrimonio psicológico (percepción, memoria, pensamiento, conciencia, afectividad, vida de los impulsos, voluntad, etc.) para responder a las incidencias de la vida personal de la mejor manera posible*. Esto significa que cuando actuamos, enjuiciamos o tomamos una decisión de cierta importancia hay muchos ingredientes que se arremolinan ayudando y oficiando para que las cosas salgan del mejor modo. Es como una gran orquesta que produce una sinfonía[2]. Es saber gestionar la vida personal de forma sana y equilibrada.

Sin embargo, las cosas no quedan solo ahí: *inteligencia es también la capacidad para hacer preguntas esenciales y dar respuestas coherentes y completas.* Poderosa conjunción de recuerdos, imágenes, sentimientos, reflexiones, etc. *Inteligencia es el arte de usar la computadora mental de cada uno, con dos elementos clave: objetivos e instrumentos*, medios y fines[3]. Se trata de hacer preguntas decisivas, de buscar las mejores respuestas y poner todo ello en práctica[4].

En el animal existe un tipo de inteligencia que se mueve dentro de unos esquemas y programas establecidos, mientras que el ser humano es capaz de inventar y diseñar sus propios programas[5]. Una buena inteligencia sabe computar

---

2. Mientras escribo sentado frente al ordenador escucho el *Concierto n.º 61 para violín y orquesta* de Beethoven. Lo he oído en directo en varias ocasiones y es impresionante el tercer movimiento, el *rondo allegro*, el solo de violín y cómo después entra toda la orquesta (violines, violas, instrumentos de viento, trompetas...). Eso es la inteligencia: el conjunto de profesores de la orquesta, cada uno con su especialidad, pero que gracias al director ofrecen un gran argumento musical. La conducta humana es una gran sinfonía en la que toman parte las diferentes funciones psíquicas, que, según el momento y la circunstancia, unas toman el mando y otras se van a un segundo o tercer plano.

3. Este esquema dual es importante: el *objetivo* es aquello por lo que tengo que luchar; el *instrumento* es el modo de ir alcanzándolo. Qué y cómo. *Inteligencia es habilidad y eficacia en el procesamiento de la información.* Es una actividad superior de nuestra psicología, que nos define, que dice cómo somos realmente.

4. Dicho de otra manera, desde oto ángulo: inteligencia es saber interiorizar sistemas de información personales, buscando siempre las soluciones más operativas.

5. Recordemos los experimentos de Köhler con monos, a los que encerraba en unas jaulas altas, les ponía comida en la parte superior y unas cañas cortadas. El objetivo era unirlas para alcanzar el lugar donde se encontraba la comida. La inteligencia animal se mueve dentro del instinto de conservación y

lo *vivido* con lo *sabido*, la *experiencia de la vida* con los diferentes *conocimientos* que ha ido aprendiendo. Por eso una inteligencia bien conjugada debe aproximarnos a un mayor grado de felicidad. Es *capacidad para aprender, tino para juzgar, imaginación y arte para gestionar la propia vida, aspirando a lo mejor.* Son muchos los factores: *inteligencia es aprender a discriminar.*

Voy a explicarlo con unos ejemplos tomados de la vida misma. Para ello me voy a valer de un cardiólogo, un ornitólogo, un catador de vinos y un psiquiatra. El *cardiólogo* ausculta con el fonendo a su paciente. No tiene mayor agudeza auditiva que los demás, pero al ser un médico especialista en esa área capta más información y es capaz de darse cuenta de si hay un soplo cardiaco, una arritmia o latidos descompensados. Al *ornitólogo* le pasa lo mismo: en la algarabía del bosque aprende a distinguir el sonido de cada pájaro y sabe discriminar ese lenguaje etéreo, desdibujado, de contornos difusos. Se adentra en la selva de esos lenguajes, sabe ordenarlos y los clasifica y agrupa. El *catador de vinos* es un explorador minucioso de los caldos que tiene que probar y se detiene en cada una de sus cuatro fases: la visual, que le permite ver el color sobre una superficie blanca; luego mete la nariz en la copa, previamente movida, y sus fosas

---

eso funciona. En el hombre hay una superioridad enorme por sus posibilidades de invención. Capacidad para penetrar en la realidad observando sus zonas transparentes y opacas y escoger el mejor derrotero. La inteligencia humana es la inteligencia animal repleta de un rico patrimonio psicológico, con tres notas abanderando la conducta: la libertad, la afectividad y la voluntad. Nada más y nada menos.

nasales reciben las primeras impresiones del líquido elemento; después viene el momento clave, que es cuando el vino es propiamente probado. Las papilas gustativas se empapan de él y es capaz de decir lo que experimenta. Pensemos en un Malbec argentino, que tanta calidad tiene. Uno puede decir en esta tercera etapa de análisis: vino intenso, de sabor aterciopelado, que nos trae el recuerdo de frutos rojos tipo cereza, compota, café, bayas... Sus diversos contenidos dejan un regusto a esos frutos rojos del campo, con toques de fresas desdibujados y sutiles. Y al final, el retrogusto: largo, agradable, sólido, persistente, propio de un Malbec de calidad.

Finalmente asoma el *psiquiatra*, al que le sucede algo parecido a los tres personajes mencionados. Se sienta delante de una persona y aparece un diálogo abierto de preguntas, silencios y respuestas. Va estudiando la ingeniería de la conducta, lo que el otro dice y lo que calla. Se revelan el lenguaje verbal, el lenguaje no verbal, el subliminal... Una hora da para mucho si el especialista sabe aplicar los instrumentos propios de la psicología y cómo adentrarse en la intimidad del otro y descubrir cómo es su forma de ser, qué le preocupa, cuáles son sus objetivos de vida... Así como elaborar una apretada síntesis de su biografía.

Cada una de estas cuatro personas tiene desarrolladas unas capacidades perceptivas bien distintas. No es que el cardiólogo tenga mejor oído que el ornitólogo o que el catador de vinos sea más inteligente o que el psiquiatra sea una persona superior. No se trata de eso, sino de que cada uno ha desplegado un potencial de discriminación muy concreto. Eso es la *inteligencia específica*, que se especializa en una materia y la observa y estudia con detalle, con precisión. La inteligencia *consiste en una conjunción de operaciones mentales en las que entran en juego muchas piezas informativas que se mezclan y a la vez se agrupan.*

La mirada inteligente

Una persona ilustrada, con un cierto nivel de cultura literaria, nos ofrece una visión de la realidad que se escapa de los linderos normales. Por ejemplo me voy a Quevedo, uno de los grandes poetas del Siglo de Oro español, con un dominio de la escritura excepcional. Traigo aquí un texto suyo que revela esa especial *inteligencia literaria o metafórica* para contarnos lo siguiente:

> Era un clérigo cerbatana, largo solo en el talle, una cabeza pequeña, pelo bermejo, ojos avecindados en el cogote, que parecía que miraba por cuévanos, tan hundidos y oscuros, que era buen sitio el suyo para tiendas de mercaderes. Los brazos secos, las manos como un manojo de sarmientos cada una. Mirado de medio abajo, parecía tenedor o compás, con dos piernas largas y flacas.

La inteligencia del escritor se prolonga más allá de sus palabras. Es la *mirada a través de la metáfora*. Su calidad al escribir nos abre un mundo rico y frondoso.

Me voy a otro gran poeta de ese tiempo, Lope de Vega. Sabemos de él que era de un temperamento vital vehemente y tierno, comunicativo y alegre y con un modo de hacer versos realmente extraordinario. Copio este verso titulado por él «Varios efectos del amor», un soneto sin igual sobre lo que es el amor:

> Desmayarse, atreverse, estar furioso,
> áspero, tierno, liberal, esquivo,
> alentado, mortal, difunto, vivo,
> leal, traidor, cobarde y animoso.
> No hallar, fuera del bien, centro y reposo,
> mostrarse alegre, triste, humilde, altivo,
> enojado, valiente, fugitivo,
> satisfecho, ofendido, receloso.
> Huir el rostro al claro desengaño,
> beber veneno por licor suave,
> olvidar el provecho, amar el daño;
> creer que un cielo en un infierno cabe,
> dar la vida y el alma a un desengaño:
> esto es amor. Quien lo probó lo sabe.

¡Qué síntesis sobre el calidoscopio de lo que se vive en el amor! *La inteligencia es una forma de evaluar la realidad*. Son muchos los ejemplos que puedo traer a colación. Bécquer, poeta romántico del siglo XIX, en su célebre libro *Rimas y leyendas* nos da unos brochazos sobre lo que significa la poesía:

> No digáis que, agotado su tesoro,
> de asuntos falta, enmudeció la lira;
> podrá no haber poetas, pero siempre
> habrá poesía.

Mientras haya en el mundo primavera,
¡habrá poesía!
Mientras haya un misterio para el hombre,
¡habrá poesía!
Mientras haya esperanza y recuerdos,
¡habrá poesía!
Mientras sentirse puedan en un beso
dos almas confundidas;
mientras haya una mujer hermosa,
¡habrá poesía!

Por eso una persona que tiene el hábito de leer sabe expresarse mejor y tiene como una dilatación de la mirada para ver más, para apreciar los muchos matices que se dan cuando observamos la realidad con cierto detenimiento. La lectura es a la inteligencia lo que el ejercicio físico es al cuerpo.

La inteligencia es un edificio con dos pisos. En la parte de abajo están el *orden*, la *constancia* y la *motivación*. La escalera que los une es la *voluntad*. Y en el piso de arriba, *los instrumentos de la razón*, donde se cuece lo que va a ser finalmente una *conducta inteligente*. En el sótano está la base, lo que le da solidez al edificio. La participación de la *voluntad*, como iré explicando en el curso de las páginas de este libro, es esencial, clave, decisiva. *La inteligencia es la catedral conceptual de la razón*. Y en ella se da una especie de bricolaje en donde se integra un conjunto de operaciones diversas que deambulan dentro de cada uno de nosotros mediante una serie de mecanismos: unos conscientes y otros inconscientes y automáticos, que se disparan como resortes aprendidos y que hacen que nos comportemos de un modo u otro[6]. Saber mirar es comprender y captar, es saber amar, es utilizar toda la información acumulada dentro de nosotros y que está archivada en la biblioteca de la memoria, ordenada de forma singular y que va funcionando según los avatares y ajetreos de la vida.

La inteligencia capta la realidad en su complejidad

Son muchas las herramientas que se orquestan en la inteligencia. Pero lo que sí debo adelantarme en decir es que casi todo depende del modo en el que captemos lo que vemos, lo que nos sucede, lo que nos encontramos delante y alrededor de nosotros. Hay una cuestión previa que no quiero dejarme en el tintero: *la jerarquía de valores*. Los valores son unos criterios previos, formados en nuestro interior y que están presentes antes de evaluar la realidad y de actuar. Son conceptos, ideas de nivel elevado que valen por sí mismos en cualquier situación que se le pueda presentar al ser

---

6. Herbert Simon, padre de la inteligencia artificial, nos dice en su libro *Naturaleza y límites de la razón* que la inteligencia bien organizada para lo que realmente sirve es para resolver problemas y necesidades concretos. En una palabra, inteligencia es eficacia. El problema se plantea al descubrir que existen muchas inteligencias, en plural, y cada una tiene su especialidad y está centrada en un sector determinado de la condición humana. Por eso el tema se complica. Volveré más adelante sobre esta idea que ahora dejo aquí apuntada.

humano: la coherencia, la generosidad, el bien, la bondad, la sinceridad. No podemos preguntarnos: ¿para qué sirven? Porque valen por sí mismos. *Los valores son criterios positivos para la conducta que tienen buena venta en cualquier mercado.*

Es fundamental tenerlos bien clasificados. Cuando uno tiene una jerarquía clara, las cosas se simplifican y todo es más fácil. No todo es igualmente importante, pues los valores deben tener cada uno cierta altura. Es decir, unos van primero y otros después. Los hay profundos y periféricos. Lo importante es tener claro cuáles son por los que uno realmente se rige. De hecho, los valores ponen en marcha los sentimientos. Son los dos grandes componentes del ser humano: inteligencia y afectividad. O dicho de otra forma, se trata de los dos grandes argumentos de la existencia humana: el corazón y la cabeza. Unos y otros apelan a la totalidad de la persona. Por eso los valores no pueden ser algo neutro, frío, desangelado, porque son claves a la hora de penetrar en los entresijos de la realidad. Asoman, se ponen de pie, piden paso, tienen voz y voto. Se transmiten a través de modelos reales de la vida ordinaria que son vistos y captados. Las palabras llaman la atención y los ejemplos arrastran. Por eso, aunque no nos demos cuenta a la hora de captar la realidad de forma inmediata o mediata, los valores que se camuflan en el fondo de nuestra personalidad actúan, aparecen y enjuician los hechos que tratamos de apresar.

Por eso la inteligencia no actúa de forma distante, glacial, viendo lo que tiene delante de sus ojos sin más, sino que los valores lo tamizan todo, aunque no nos demos cuenta[7].

Todo esto tiene implicaciones muy amplias a lo largo de la actuación humana. No penetramos en la realidad sin más, sino que lo hacemos inevitablemente teniendo dentro de nosotros una serie de dimensiones que nos atraviesan de arriba abajo y que van a ser claves a la hora de valorar los hechos que analizamos[8]. Tomás Moro muere en 1535 en la cárcel de Londres. Solo, privado de su poder, pasó de *lord* canciller de Inglaterra a no tener nada material. En su último libro, *Cartas desde la cárcel*, dice estar feliz y contento porque muere por sus ideales, defendiendo aquello en lo que creía. *La felicidad consiste en estar contento con uno mismo al evaluar la realidad y darse uno cuenta de que está haciendo algo que merece la pena con su propia vida.* Desde fuera se ven unos hechos, pero desde dentro se captan otros. Otro buen ejemplo es Aleksandr Solzhenitsyn, quien estuvo durante años preso en Siberia, en uno de los terribles gulags. Allí escribió *Una día en la vida de Iván Denísovich* y su libro esencial, *Archipiélago Gulag*, en el que nos dice que se siente contento a pesar de estar a cuarenta

---

7. El pensamiento actúa a través de procesos representativos y simbólicos, haciendo juicios. La inteligencia es un organigrama amplio y variado que lleva a la actuación concreta, a un modo de conducta determinado. Entre ambos existen relaciones muy estrechas.

8. Un ejemplo de esto que vengo diciendo es la noción de felicidad. *La felicidad no depende de la realidad, sino de la interpretación de la realidad que uno hace. La felicidad depende del modo de evaluar lo que nos pasa*, así de claro. Lo mismo sucede con la inteligencia cuando actúa y trata de poner en claro lo que sucede, pequeño y grande, personal y general.

grados bajo cero y con veinte kilos menos de peso, tratado como si fuera un animal de carga: «porque estoy luchando contra el poder opresor del comunismo y algún día esto caerá y se sabrá la verdad brutal de lo que han hecho con nosotros».

Por eso es tan difícil dar una definición certera, precisa, concreta, de la inteligencia, ya que *plantea problemas* y a la vez los *resuelve*. Son diversas las facultades que se hospedan en ella para apresar la realidad y lo que le rodea, sumando todos y cada uno de los componentes que se mueven en su entorno. De ahí su complejidad. Lo decía Allen Newell, uno de los padres de la inteligencia artificial, que considera que hay dos sistemas independientes que funcionan dentro de ella: el de los conocimientos y el de las metas, el de la *información* y el del *objetivo*. Una cosa es saber lo que uno debe hacer y otra hacerlo[9].

Captar la realidad por arriba y por abajo. El vuelo alto de las águilas lleva a ver todo en perspectiva, registrando las incidencias que se contemplan cuando uno se eleva de nivel. Somos miopes en relación con estos animales de vuelo superior. Pero a la vez nos sumergimos por debajo de las aguas de la realidad, haciendo submarinismo, para fijarnos en la flora y la fauna que recorren las aguas del mar que atravesamos. La inteligencia va de la *superficie* a la *profundidad*. Penetramos de cerca y de lejos en los hechos que vemos. El ser humano tiene la capaci-

9. Uno es lo que hace, no lo que dice.

dad de tomar distancia de la realidad y verla en perspectiva[10].

La realidad tiene, pues, dos dimensiones: una objetiva y otra subjetiva. La primera es lo que se ve de forma imparcial, notarial, fáctica, fotográfica... El bien propio de la inteligencia es abrirse a ella, a lo real. La otra tiene que ver con el modo de interpretarla, viéndolo todo según tantas cosas como se hospedan y habitan dentro de nosotros. Comprender al hombre es interpretar lo que vemos que le sucede; verlo desde dentro. Esa es una tarea de espeleología, la hermenéutica[11]. En el libro de Ovidio *El arte de amar* nos encontramos en su frontispicio con la siguiente sentencia: *Video meliora proboque, sed deteriora sequor*: «Veo lo mejor y lo apruebo, pero sigo lo peor». Es la diferencia entre la teoría y la práctica de la vida. Tener las ideas claras sobre el camino que uno debe seguir es importante, pero hacerlo es decisivo. Nada más y nada menos. El animal más desarrollado filogenéticamente es el mono, pero una cosa es la *inteligencia animal*, que responde a programas de conducta

---

10. Hay dos perspectivas inteligentes: una es la del *hombre romántico* que describe la corriente de un río desde dentro, metido en el torrente de agua que circula bajo sus pies. Por tanto, la descripción que hace es viva, directa, clara, el agua circula por sus piernas. Por el contrario, la otra perspectiva es la del *hombre clásico* que describe la corriente desde fuera, a una cierta distancia. Por tanto, su análisis es más frío, menos directo, más desapasionado... Más objetivo. Cercanía y distancia. Proximidad y lejanía. El ser humano es un animal de lejanías. Eso es la inteligencia: *capacidad para bucear en los hechos que contempla y aprehenderlos en sus diversos segmentos y en su totalidad.*

11. Se la puede definir como la ciencia capaz de interpretar la realidad. Podemos verlo en Heidegger, en su libro *Ser y tiempo*. Más tarde se prolonga con las investigaciones de Gadamer y su escuela.

previamente establecidos y de los que no se puede salir, y otra la *inteligencia humana*, que rebasa esos programas, los desborda e inventa escapadas y vericuetos sorprendentes de actuación según la diversidad de acontecimientos que se le puedan presentar. Catalogarlos sería el cuento de nunca acabar. Esto quiere decir que todo está condicionado por «las gafas con las que vemos los hechos que estudiamos» y que pueden ser de tipo físico, psicológico, social, cultural y espiritual. La pluralidad que se esconde en cada hecho real es rica y frondosa. Por eso hay derrotas objetivas (se ha perdido claramente) que pueden ser vistas como éxitos al utilizar un ángulo concreto de exploración. El tema da para mucho. Por eso puedo decir que *interpretar es comprender la forma y el sentido*. Se va más allá de los datos que la retina nos muestra[12]. La inteligencia aprecia más de lo que recibe. Y lo hace por los muchos componentes que hay dentro de su mundo y que se mueven y circulan y saltan y enfocan: percepción, memoria, pensamiento, conciencia, afectividad y un largo etcétera. *La inteligencia ilustrada da más de lo que recibe*. De ahí su grandeza. Es lo que José Antonio Marina ha llamado *inteligencia creadora*, la forma en que cada una de nuestras actividades mentales es capaz de ampliar su facultad común para dilatarse de modo significante y grandioso.

---

12. Remito al lector interesado a mi libro *No te rindas*, en donde cuento ejemplos de biografías durísimas, con historias personales repletas de sufrimiento, que fueron *interpretadas* de forma muy positiva. Desde Solzhenitsyn a Viktor Frankl, pasando por Steve Jobs, Nelson Mandela o Václav Havel. *La felicidad depende del modo personal de evaluar la realidad*, lo he dicho antes.

capítulo
II

Historia del concepto de inteligencia

Estudios científicos

Aunque pueda parecer extraño, los estudios científicos sobre qué es, en qué consiste y como se mide eso que llamamos inteligencia son relativamente recientes. Han sido muchas las teorías que se han ido exponiendo a lo largo de los años. Lo que es evidente es que se han dado dos concepciones. Una *cualitativa* que aborda sus componentes, el conjunto de ingredientes diversos que se pueden encontrar. Los investigadores han ido profundizando en esta dirección, afinando los matices y las vertientes que se dan en su interior. Otra es *cuantitativa*, que ha tratado de medir la inteligencia diseñando métodos exploratorios para ser capaz de dar un resultado numérico según la previa concepción que los diversos autores han ido desarrollando sobre este tema.

Uno de los primeros que trabajó sobre la medición fue Adolphe Quetelet (1796-1874), astrónomo belga que habló de la *teoría de la curva normal* según la probabilidad y empleó la expresión del *hombre medio* para expresar el hecho de que la mayoría de las personas tienden a agruparse en el centro de esa curva en cuanto a sus rasgos medidos. Después fue Francis Galton (1822-1911) quien llevó a cabo un laboratorio de psicología para estudiar a gran escala las diferencias entre los individuos y determinar sus capacidades valiéndose de diferentes instrumentos de latón (silbato, péndulo del tiempo, barra sonora, etc.). Pero su gran avance consistió en aplicar métodos estadísticos para interpretar los resultados que fue encontrando. Fue el primero que habló de *coeficiente de correlación*. Se apoyó en él Karl Pearson (1857-1936), que inventó diversas fórmulas estadísticas y fundó la revista *Biométrica*, que se ocupó de publicar resultados cuantitativos del mundo psicológico. Más adelante aparece la figura de James McKeen Catell (1860-1944), que fue alumno del célebre Willhelm Wundt, también dedicado a temas relacionados con la inteligencia y lo mental. Catell se centro especialmente en lo que él denominó el *tiempo de reacción*: las diferencias en la relación estímulo-respuesta y la rapidez con que se producen. Él mismo catalogó los estímulos, jerarquizándolos. Más tarde sometió a sus alumnos de la Universidad de Columbia a una serie de pruebas para observar las diferencias individuales a la hora de responder a un estímulo específico y cuánto tardaban en reaccionar.

Después va a aparecer la primera prueba para medir la inteligencia, de la mano de Binet y Simon hacia 1905, quienes se propusieron descubrir el nivel de inteligencia de algunos alumnos de diversas escuelas francesas y crearon una *escala de inteligencia* con tres conceptos básicos: finalidad de la actividad, habilidad para mostrar soluciones que se adapten a un problema y capacidad de autocrítica y juicio en las alternativas escogidas. Partieron de la idea de que la inteligencia va creciendo y se desarrolla de forma paralela a la edad cronológica. Sus investigaciones con niños y adolescentes les llevaron a elaborar la *escala de Simon-Binet* y fueron ellos los primeros en manejar el término *edad mental*, medida a través de unas puntuaciones graduadas. Esta fue su gran aportación[1].

Partiendo de todo esto, muchas de las técnicas más actuales se refieren a análisis matemáticos, como veremos a continuación. Voy a referirme especialmente a tres autores de enorme relieve y sus teorías.

---

1. Los críticos, no obstante, enseguida hicieron una serie de objeciones: ¿es la inteligencia una finalidad hacia un objetivo, es adaptabilidad o es un juicio crítico? Al mismo tiempo se plantearon si la inteligencia es una facultad unitaria o diversa, general o particular. La bibliografía al respecto es ingente. Solo algunos nombres que han marcado en este campo: Anderson *et al.*, *Cognitive Process Analyses of Learning and Problem Solving*, Hillsdale, Nueva York, 1994; Lipsett y Reese, *Advances in Child Development an Behaviour*, Academic Press, Nueva York, 1989; J. W. Berrey, *Intelligence and Learning*, Plenum, Nueva York, 1981. Este último es un texto claro, con investigaciones muy atrayentes, en la línea de lo que vengo exponiendo hasta aquí... con la voluntad en primer plano. Otro gran investigador de la inteligencia es A. L. Brown, en *Children's Thinking: What Develops?*, Hillsdale, Los Ángeles, 1998. El que fue catedrático de Psicología en Londres, H. J. Eysenck, tiene un libro que en su tiempo fue clave: *A Model for Intelligence*, Springer Verlag, Londres, 1982. Y no puedo dejar de citar a Robert J. Sternberg, que ha sido uno de los más fructíferos investigadores sobre la inteligencia, llamando la atención sobre como el célebre «cociente de inteligencia» (CI) se queda corto y hay que observar otras variables en la persona. Sugiero aquí dos textos de él muy ilustrativos: *Human Abilities: an Information Processing Approach*, Freeman, San Francisco, 1998; *Beyond I. Q.: a Triarchic Theory of Human Intelligence*, Cambridge University Press, Londres, 1999. Una obra de enorme riqueza informativa.

La primera de ellas es la *teoría bifactorial* de Charles Spearman, publicada en 1904. Su idea fundamental es que todas las actividades mentales requieren dos capacidades: una *general* (G) y otra *específica* (S) para cada tarea particular. Pensemos en una prueba exploratoria, una de vocabulario y otra aritmética. Cada una recurre a una facultad común, general (G). Una cosa es el lenguaje verbal y su captación y otra un tema numérico. Están relacionadas entre sí, pero cada una mide una cosa diferente... y son independientes de G. Más tarde añadió a ese factor general tres ingredientes: la *constancia*, la *fluctuación* y la *voluntad*[2].

Después nos encontramos con la *teoría de muestreo* de Thompson acerca de la organización de la inteligencia. Según él, nuestra conducta depende de un gran número de capacidades independientes que intervienen en muchas tareas y de este modo logra medir una amplia gama de aptitudes.

Quiero destacar también la *teoría del factor de grupo ponderado*, que fue diseñada por Louis Leon Thurstone, tercer representante que quiero mencionar de los teóricos de la inteligencia que se dedicaron a cuantificarla. A partir de 1930 creó el método del *análisis factorial* para aislar distintos factores que se pueden encontrar en la inteligencia.

---

2. Aquí encuentro un antecedente claro a lo que yo llamo la *inteligencia auxiliar o instrumental* y que, como irá viendo el lector atento, consta de cinco componentes decisivos que forman los cimientos de un buen funcionamiento inteligente: *orden, constancia, voluntad, motivación y acciones auxiliares*. Iré desgranando estos componentes despacio, deteniéndome en cada uno de ellos con cierta meticulosidad.

Su empleo se popularizó enseguida en el campo de la psicología. Las investigaciones se realizaron sometiendo a muchos sujetos a una gran variedad de pruebas que exigen explorar las capacidades verbal, espacial, aritmética y perceptiva. Luego observó las estrechas correlaciones. Hacia 1935 halló *siete capacidades de inteligencia primarias* que menciono brevemente:

— *Verbal*: capacidad para emplear de forma adecuada y eficaz el lenguaje de la palabra hablada.
— *Numérica*: capacidad para llevar a cabo las principales operaciones aritméticas, suma, resta, multiplicación, división y raíces cuadradas.
— *Espacial*: facultad para captar los objetos del espacio y tener habilidades geométricas.
— *Perceptiva*: capacidad para captar la realidad e identificar lo que en ella aparece. Tiene enorme importancia aquí la lectura, saber leer un mapa y la observación en general.
— *Memoria*: capacidad para retener la información pasada, cercana y actual. Y para clasificarla de forma adecuada.
— *Razonamiento*: capacidad para utilizar el pensamiento abstracto, combinando todas las vivencias y conocimientos para elaborar soluciones y resolver problemas nuevos.
— *Fluidez de expresión*: capacidad para evocar rápidamente términos y manejarlos.

Más adelante Thurstone diseñó herramientas más refinadas para medir la inteligencia, cada vez de forma más precisa. Se muestra en contra de dar un resultado global, pues son muchos los matices que se presentan en cada tipo de inteligencia.

Más tarde Catell, profesor de Psicología de la Universidad de Illinois, se centra en investigar las diferencias entre inteligencia y tipo de personalidad. Y señala la existencia de dos modalidades bastante bien perfiladas. Una es la *inteligencia cristalizada*, que es una combinación de habilidades cultivadas y de conocimientos adquiridos. Él habla de lo que un sujeto «ha invertido» en cultivarse[3]. La otra es la *inteligencia fluida*, aquella que tiene la capacidad para captar las finas y estrechas relaciones sobre ideas y conceptos, con el ingenio para saber adaptarse de forma correcta a situaciones nuevas e inesperadas. Esta es bastante independiente de la educación, la escolaridad y la cultura[4]. Ambas se miden por separado. Demostró científicamente que ambas inteligencias siguen un curso distinto a lo largo de la vida.

Durante los años siguientes la investigación sobre la inteligencia se plantea muchas cuestiones. Algunas de ellas

---

3. Fue también fundador del Institute for Personality and Ability Testing. Allí él y sus colaboradores elaboraron pruebas específicas para afinar en este terreno y determinar los matices de cada modalidad de inteligencia. Lo que está claro es que una persona cultivada, que tiene el hábito de la lectura, muestra un nivel de respuestas más elevado.

4. Como podrá observar el lector se parece bastante al concepto de *factor general* de Spearman: descubrir rápidamente relaciones y conexiones entre los hechos.

han ido siendo respondidas de forma más o menos precisa, como son si el cociente intelectual que se determinó en un momento dado se mantiene inalterable con el paso del tiempo; si existen diferencias sexuales en la inteligencia; si hay matices entre la gente que vive en medios rurales o urbanos; las diferencias según las profesiones: manuales, domésticas, técnicas, intelectuales, etc.; los matices raciales[5]; y si la herencia se mantiene constante o varía según los años.

Últimamente se ha ido colando la *teoría de la información*, que sigue el modelo del ordenador. La inteligencia puede compararse a la *caja negra* de un avión o de un computador ultramoderno, que recibe información, la elabora, clasifica esos mensajes y después es capaz de dar lugar a una *conducta inteligente*. Se dan aquí tres elementos sucesivos *estímulo-mente-respuesta*. Es la nueva analogía de la inteligencia siguiendo los principios electrónicos.

No quiero dejar de mencionar brevemente las *teorías cognitivas de la inteligencia*, que se refieren al modo de elaborar todo lo que llega a nuestra mente y que siguen una serie de procesos relacionados con la manera de resolver problemas, la rapidez para ejecutar un comportamiento concreto y el modo de seleccionar la mejor opción que aparece en un momento dado en nuestra mente. El razonamien-

---

5. Esto puede encontrarlo el lector curioso, referido a la personalidad, en mi libro *Quién eres*, Temas de Hoy, Planeta, Madrid, 2014. La inteligencia tiene tres raíces esenciales, lo mismo que la personalidad: una *hereditaria* que depende del equipaje genético; otra *adquirida* que tiene mucho que ver con la educación, el ambiente familiar y todo lo que de ahí se deriva; y en tercer lugar la *biografía*, la historia personal, la travesía que uno ha ido viviendo con el paso de los años.

to va a depender del modo de utilizar todo lo que se almacena en la memoria a largo y corto plazo, las analogías, los silogismos y un largo etcétera. Sternberg ha sido uno de los que más han trabajado en esta línea. Según esta teoría *la inteligencia puede ser entendida como el modo de elaborar la información recibida, en un tiempo concreto o real, existiendo una unidad de análisis*. Está claro que es una definición larga y compleja, pero resume bastante bien todo lo que he ido diciendo. El mismo Sternberg señala dos modalidades: *teorías explícitas e implícitas*. Las primeras se refieren a estructuras mentales, a saber ir de lo particular a lo general. Son más prácticas y están bien entrenadas. Las segundas se basan en las ideas que tiene la gente en general de lo que es la inteligencia y que sirven como habilidades para manejarse en la vida ordinaria.

Tanto Sternberg como William Salter coinciden en una definición de nuestro tema que podría ser expuesta de la siguiente manera: *es la capacidad de una persona para adaptarse, aprendiendo de la experiencia acumulada, razonando con claridad y resolviendo problemas*. Hay en ella distintos puntos que conviene retener: adaptación, experiencia y solución de problemas. Por eso una persona inteligente sabe manejar bien las *metas* y los *objetivos* a donde quiere llegar y cómo[6].

---

6. Las *metas* son siempre demasiado amplias y generales. Los *objetivos* son medibles, deben tener un fondo matemático. Volveré sobre esta idea más adelante.

capítulo III

Clasificación de las distintas inteligencias

El campo magnético de la inteligencia

Como he ido diciendo en las páginas que preceden, no tenemos más remedio que hablar de muchas inteligencias, en plural, y conviene dejarlas claras unas y otras, aunque muchas se interfieren y es mayor el análisis didáctico para abrirnos paso en esa selva de variedades que nos vamos encontrando. El campo magnético de la inteligencia forma una telaraña complejísima en la que los matices se cruzan, entremezclan, confunden, avasallan, entran y salen, suben y bajan, giran, se esconden y luego vuelven a aparecer. La inteligencia es un lienzo tejido de hilos sedosos, hebras finas interconectadas que forman una estructura rica y diversa. Por eso cuando hablamos de *inteligencia emocional* como una de sus ramas más de moda asoma a la vuelta de la esquina otra que es la *inteligencia práctica* y otea por el horizonte la *instrumental*.

Hay sobre todo *tres modelos* o formas de entenderla. En primer lugar el llamado *modelo monárquico*, que habla de un «factor rey» de inteligencia, el «factor G» (de «global»), que resume y agrupa a todas ellas y a su vez las dirige de alguna manera. En segundo lugar nos encontramos con el *modelo oligárquico*. La oligarquía es el gobierno de unos pocos y aquí nos referimos a «factores S», que no son otra cosa que habilidades específicas. Y en tercer lugar está el *modelo democrático*, que alude a que todos los tipos de inteligencia toman parte en la conducta, pero que dependiendo del momento y la circunstancia unos toman el mando y se sitúan en primer plano y otros dejan su protagonismo y pasan a un segundo o tercer lugar. A esta última es a la que me adscribo, porque es la que se ajusta más a cómo funciona el comportamiento inteligente del ser humano. Robustecen esta tesis las múltiples investigaciones llevadas a cabo recientemente por muchos equipos de trabajo con gran rigor metodológico.

Tipos de inteligencia

Existe una tupida red de relaciones en donde la imprecisión está a la orden del día. Todo se vuelve desdibujado y difuso. Mi interés en este capítulo va a ser deslindar cada uno de los componentes en esa pluralidad a la que me he referido antes. *Pluralidad en la unidad*. El agua puede adoptar muchas formas: no es lo mismo la que desciende de un valle, la que forma parte de un río ancho y veloz o la que se remansa en un lago y solo la mueve el viento del lugar. Aquí pasa lo mismo. La inteligencia humana está formada por una ingeniería de vericuetos, puentes levadizos y caminos serpenteantes ajedrezados de tonos, gamas, graduaciones y combinaciones inesperadas[1]. Nos encontramos ante una galería de modalidades en donde se dan influencias recíprocas y cercanías evidentes según las circunstancias que la vida nos va deparando. A pesar de todo eso, voy a clasificarlas, intentado describir con cierta nitidez los perfiles de cada una.

Inteligencia teórica: capacidad para moverse en el terreno abstracto. Conjugar conceptos y adentrarse en la selva espesa de ideas, juicios y raciocinios. Este juego de palancas opera con los matices arborescentes de los hechos y busca el rigor, el pensamiento, la lógica. Se trata de comprender en profundidad aquello que estudia. Lo teórico tiene siempre un aire etéreo, impreciso en su precisión, intangible, en donde la exactitud de la palabra lo que hace es fijar el concepto. No olvidemos que *definir es limitar* y por tanto establecer una cierta frontera que traza el mapa de las ideas que estamos apresando. Es la figura del *intelectual*. Pondría aquí las figuras de Sócrates, Platón, Aristóteles, Séneca, Descartes, Pascal, Kant, Ortega y Gasset, Julián Marías... En una palabra, escritores que se han dedicado al mundo de la filosofía como un saber acerca de las cosas, de la vida y de los grandes temas que se dan y circulan por ella. Entramos en el mundo de

1. Puede haber tantas definiciones de inteligencia como ángulos desde los que estudiarla. Depende del énfasis que se ponga en su análisis, y por eso voy a tratar de espigar las que a mí me parece que tienen más relieve y que se dan con más frecuencia. Aunque insisto: es el cuento de nunca acabar, conseguir una gavilla de conceptos agrupados en torno a diversas vertientes. No olvidemos, por tanto, la versatilidad del tema. El trabajo de síntesis está erizado de dificultades.

los matices, en donde la magia de la palabra tiene su propio perímetro y su significado. En general este tipo de personas suelen ser poco prácticas para la vida ordinaria, ya que están en otra órbita, se mueven en otros registros y van haciendo su vida muy alejados de las ocupaciones del común de la gente. La expresión «el sabio distraído» encaja bien aquí.

Inteligencia práctica: es la facultad para resolver problemas y dificultades de orden operativo. Busca una eficacia inmediata y a menudo se dispara como un resorte y pone en juego una serie de habilidades que la persona ha ido adquiriendo con el paso del tiempo y que en ese tipo de circunstancias funciona con gran resolución. Es la imagen del hombre de acción. *Si la inteligencia teórica es capacidad de penetración y equidad de juicio, la práctica es más imaginativa y extensa*, pero también más superficial.

Inteligencia social: es la facultad para moverse con soltura en las relaciones interpersonales. Hay aquí toda una gramática precisa y preciosa que facilita el contacto humano. Es el relaciones públicas. Esta modalidad tiene mucho que ver con el tipo de personalidad y la educación recibida[2]. Lo que es evidente es que esto se aprende, se cultiva. Uno es consciente de que tiene aquí algunas limitaciones pero puede ir mejorando si se lo propone o si tiene la ayuda de un psicólogo o un psiquiatra que le allane el camino.

---

2. He conocido muchos tímidos natos, inteligentes pero con muy poca capacidad social, secos, fríos, distantes, poco expresivos, monosilábicos... Personas que pasan por antipáticas y soberbias. Mientras escribo esto me vienen a la cabeza una colección de ellos. Aquí hay dos hechos que debemos tener en cuenta: la genética y el aprendizaje.

Inteligencia emocional: El primero que habló de ella fue el filósofo Spinoza. Más tarde, Peter Salovey trabajó su perfil. Pero su lanzamiento al estrellato vino de una persona realmente responsable de su paternidad: Daniel Goleman. Inteligencia emocional significa capacidad para mezclar los instrumentos de la razón y los de la afectividad. Este autor ha puesto el dedo en la llaga sobre lo frecuente que es que ambas vayan separadas, cada una por su parte. Gente de buena cabeza que no utiliza el mundo de los sentimientos. Y al revés, personas con una gran afectividad que se dejan llevar por ella y minimizan lo que significa la racionalidad[3]. Es el gran reto de esta falda del siglo XXI: ser capaces de aunar a la vez ambos distritos, el de la razón y el de los sentimientos. Los que tienen desarrollada esta forma especial de la inteligencia son capaces de expresar sentimientos, conocerlos, saber sus recodos, para qué sirven, como se mejoran y cómo mantener una relación afectiva que llegue a ser estable y duradera. Se trata de conocer las propias emociones, saber organizarlas de forma jerárquica, reconocer

---

3. *La inteligencia emocional* tiene hoy una enorme importancia, sobre todo sabiendo la epidemia de rupturas conyugales a la que estamos asistiendo y teniendo en cuenta que no hay ningún indicador psicológico que nos diga que esto vaya a disminuir. Ahí aparecen además las llamadas *parejas de hecho*, que están juntas de forma más o menos provisional y en las que todo está preparado para la ruptura... Son relaciones frágiles, endebles, hechas con materiales de derribo, en donde el contacto tiene muy poca solidez. Empieza a ser más frecuente en nuestro Occidente ver parejas rotas y vueltas a rehacerse y vueltas a romper, que parejas enteras o sólidas. Seguiré hablando de esto a lo largo de estas páginas. No perdamos de vista que la principal función de la inteligencia es la de *dirigir el comportamiento hacia lo mejor*, ensayando las soluciones y el enfoque más adecuados dentro del *texto* y del *contexto* de la vida cotidiana de cada uno.

los sentimientos de los demás... Los griegos subrayaban dos cosas importantes para alcanzar la armonía personal: conócete a ti mismo y no dejes que la pasión te domine. Es el viejo mito del auriga de Platón: la razón es el cochero de un carro movido por dos caballos desbocados, que son las pasiones, y se trata de saber racionalizar el mundo afectivo, pero sin pasarse, buscando un buen equilibrio, sin que uno se vuelva frío y distante. Es una pretensión costosa, un auténtico reto. Es nocivo confundir todo lo que se mueve en el territorio de la afectividad: sentimientos, emociones, pasiones, motivaciones... Su multiplicidad requiere conocerlas para evitar desórdenes, choques y reveses. A mis alumnos jóvenes en la universidad, que están en pleno alboroto hormonal, les suelo explicar la enorme importancia de saber diferenciar entre desear, querer, sentirse atraído, estar enamorado... Son muchos los matices que se observan aquí y es menester tener clara la caja de herramientas afectivas si queremos hacer bien el trabajo. Muchos fracasos amorosos vienen de aquí y tienen tres motivos muy claros: lo que se sentía no era verdadero amor; se idealizó tanto a la otra persona que no correspondía a la realidad; y en tercer lugar, aunque sí fuera amor, no se cuidó como debiera y poco a poco se fue deteriorando hasta que desapareció.

Inteligencia para la vida: aquí me refiero al concepto de *lo que es la vida* recogido en dos grandes pensadores españoles del siglo XX: Ortega y Gasset y su discípulo Julián Marías: «la vida es la realidad radical». Es gestionar de forma equilibrada y madura los temas esenciales de la vida, aquellos que en cualquier cultura y lugar del mundo ofrecen los asuntos más importantes de la existencia: amor, familia, trabajo, progreso y crecimiento personal, cultura en sus diferentes facetas, amistad, etc. Yo a esta modalidad le llamo *la inteligencia de las inteligencias*. Es sabiduría y capacidad para dirigir nuestros pasos con coherencia y realismo. Si nos vamos a sus principales ingredientes descubrimos lo mucho que se falla hoy en su territorio. En el campo del *amor*, que debe seguir siendo un asunto central y decisivo, nos encontramos con el hecho de tantísimas parejas que se rompen y se rehacen y se vuelven a romper. Dramas servidos en bandeja para las personas que tienen un criterio de que la vida en pareja debe aspirar a la estabilidad y al buen equilibrio. Pero para el *pensamiento light* o lo que llama Baumann *la sociedad líquida*, no pasa nada negativo si eso sucede, porque lo importante es seguir buscando pareja, por si en algún momento se puede encontrar una fuerte o que tenga duración o que pueda ser para siempre. En el campo de la *familia* podemos decir cosas muy parecidas: al haberse colado el hedonismo y la permisividad, con todo lo que traen consigo, hoy son muchos los que tienen una idea de la familia sin consistencia y podemos comprobar la escasa *inteligencia para la vida* que tienen. Y qué decir del *trabajo*, nuestro compañero inseparable de la vida. La profesionalidad, trabajar con rigor y seriedad y aprender a renunciar, no queriendo abarcar demasiado, para evitar la dispersión y la ansiedad[4]. A todos nos sucede en algún mo-

4. Aprender a renunciar es madurez.

mento de nuestra vida que pretendemos tocar demasiadas teclas, y lo sensato es *aprender a decir que no* a tantos tirones y llamadas de cosas que nos empujan a abarcar demasiado. Hacer eso con paz es aceptar las limitaciones y se produce después una serenidad que se desparrama por la persona como un bálsamo. Lo contrario conduce al estrés, a estar permanentemente desbordado. Con lo cual, además, no se disfruta con lo que se hace, por la dichosa dispersión. En cuanto a la *cultura*, es una de las grandes componentes de una vida bien planificada, en donde uno sabe escoger aquellos elementos que nos van a nutrir por dentro[5]. Y por último la *amistad*, ese plato fuerte en el banquete de la vida. No tener amigos es una gran carencia, pero utilizar a los amigos es instrumentalizar esa relación y servirse de ella. En la amistad verdadera (en sus distintos grados) hay intimidad, confidencia, donación, conocimiento propio y ajeno, dejar que esa otra persona asista a nuestra vida y viceversa... Se corren riesgos pero merece la pena lo positivo que de ahí sale.

Inteligencia creativa: es aquella que es capaz de elaborar un mundo artístico que nace de una capacidad especial para fabricar un mundo bello y estético. Aquí nos encontramos con un verdadero mar sin orillas: la poesía, la novela, la pintura, la música, la escultura... Todo está lleno de ma-

---

5. En suma, *la felicidad consiste en una vida lograda*. Y esta consiste en haber conseguido alcanzar una buena ecuación entre los principales puntos de la existencia, que responden a lo que debe ser sustancial en cualquiera que se precie: amor, familia, trabajo, cultura, amistad, espiritualidad... *La felicidad es polinomio de muchos factores bien proporcionados.*

tices y vertientes bien diferentes. Pensemos en los grandes poetas del Siglo de Oro español (Lope de Vega, Calderón, Garcilaso) y Cervantes como el primer escritor español. O Murillo, Velázquez y Goya. O los grandes músicos clásicos desde Beethoven y Mozart pasando por Tchaikovsky, Borodin, Haydn, Bach y una larguísima lista... Son muchas las vertientes y modalidades que podemos encontrarnos aquí. La creatividad requiere unas facilidades de expresión muy específicas y, según la materia que se trate, un modo de construir la belleza en sus concretas especialidades[6]. Lo que está claro es que hay personas que tienen dotes para todo ello y nos ofrecen un crisol de posibilidades de gran riqueza expresiva. Son seres que traducen una inteligencia capaz de escudriñar espacios nuevos y ponerlos en la realidad.

Inteligencia discursiva: es aquella que se manifiesta mediante la facilidad para expresarse en un lenguaje adecuado, capaz de transmitir su contenido de forma positiva, suficiente, que llega al interlocutor que está enfrente y con recursos adecuados para que las ideas lleguen. Saber hablar en público es un verdadero arte que requiere oficio, maneras, estilo propio... Es un modo de manifestar la inteligencia de alto valor. Todos hemos conocido gente inteligente

6. Siento una gran pasión por la llamada *pintura de vanguardia*, que tiene en Picasso, Dalí, Miró, Tàpies y los americanos modernos (Willem de Kooning, Jaspers Johns, Rothko, Motherwell, etc.) a algunos de sus grandes exponentes. También la escultura más reciente, con el tratamiento de la piedra o la utilización de materiales especiales, como cartones, arpilleras, lienzos polacos, papiros, tablas de madera... La capacidad para crear arte se abre en abanico y nos ofrece hoy en día muestras increíbles, sugerentes y atrevidas.

que escribe con soltura y que a la hora de hablar en público baja muchos enteros. Aquí cuenta mucho la experiencia.

Inteligencia auxiliar o instrumental: en ella estamos. Son cinco sus principales ingredientes: *orden, constancia, voluntad, motivación* y *capacidad de observación*. Quien ha ido alcanzando estos apartados tiene algo escondido en su interior que va a dar como resultado una conducta que se eleva por encima de sí misma. Es el tema de este libro, por lo que no me extenderé más aquí.

Inteligencia fenicia: el mundo fenicio era esencialmente comercial y por extensión aquí me refiero a la facilidad para moverse en el mundo de los negocios, con todo lo que eso significa. Fenicia era una antigua comarca de Asia que comprendía una estrecha faja de territorio extendida en la costa occidental de Siria, entre el Líbano y el mar. Sus ciudades principales fueron Tiro, Sidón, Biblos, Trípoli y Beirut. Sus habitantes provenían del golfo Pérsico y desarrollaron aptitudes marítimas y comerciales que les hicieron llegar en sus correrías hasta el Mediterráneo, el Báltico, el Atlántico y el mar Rojo. Fueron maestros en el arte de la navegación y vendieron sus productos por todas esas costas. En España se establecieron en el siglo XII a. de C. En los siglos VIII y VII a. de C. se instalaron fundamentalmente en la costa levantina y en lo que hoy son Málaga, Sevilla y Cádiz. ¿Cómo podemos definir esta inteligencia, en qué consiste? Es la capacidad para negociar y comerciar, para buscar acuerdos, para comprar y vender, la facilidad para establecer transacciones y pactos, gestionar una empresa y conseguir que tenga buenos rendimientos. Su tema central es el buen funcionamiento a través de operaciones financieras en los más diversos campos. Esto va desde saber invertir a buscar mercados financieros, pasando por obtener resultados fructíferos. Podría decir que *la inteligencia teórica es el máximo del pensamiento abstracto, mientras que la inteligencia fenicia se centra en saber vender, comprar y financiar*.

Inteligencia artificial: pertenece a un área multidisciplinar que trabaja con otras ramas científicas, como la computación, la lógica, la psicología del procesamiento de la información y algunos distritos de la filosofía. Estudia la creación y el diseño de entidades capaces de resolver problemas y cuestiones utilizando como paradigma la inteligencia humana. Se trata de producir *máquinas capaces de pensar*. John McCarthy fue el que acuñó este nombre y dio la siguiente definición: «Es la ciencia e ingenio de hacer máquinas inteligentes, especialmente programadas». Se trata de conseguir redes neuronales artificiales, similares al funcionamiento del cerebro de animales y seres humanos. Y conseguir un cierto tipo de razonamiento, análogo a nuestro pensamiento abstracto. Esto se ha ido obteniendo por sensores físicos y mecánicos en máquinas, tanto por entradas como por salidas de bits de *software* y su entorno. Hoy se ha extendido a campos como la economía, la ingeniería, la medicina y los juegos de estrategia, que se amplia hacia el ajedrez o los videojuegos. El concepto de *inteligencia artificial* es aún algo difuso. Es imitar al cerebro humano consiguiendo una máquina inteligente que vaya actuando como lo hace un ser humano. Busca la mejor solución a un problema dado, pero carece del dispositivo de los sentimientos. Acaba de aparecer un libro muy sugerente sobre este tema. Su autor es Martin Ford y se titula *The Rise of the Robots.* Nos habla de que el perfeccionamiento de la tecnología nos está llevando a un acelerado progreso que en su rampa final aumenta el nivel de bienestar. Viene a decirnos que los ordenadores ya no harán solo aquello para lo que se les programa, sino que irán más allá. Los robots rebasan día a día a esos empleados de cuello blanco que trabajan pegados a la pantalla del ordenador... Y a la vez, tras un estudio serio realizado en la Universidad de Oxford, la inteligencia artificial hace peligrar el 47 por ciento de los empleos en Estados Unidos. Un dato interesante: YouTube tenía 65 empleados cuando Google compró la empresa en 2006 por 1.600 millones de dólares. Mientras que Facebook pagó 1.000 millones de dólares por Instagram, con solo 13 personas en nómina en 2014. El mismo Facebook pagó 19.000 millones de dólares por WhatsApp, que tenía 55 empleados. Los datos hablan por sí solos.

Inteligencias contrapuestas o complementarias

Inteligencias matemática y científica: todo el mundo de las investigaciones científicas, en sus más diversos campos, se apoya en la estadística, que es una rama de las matemáticas. Hoy en día la ciencia tiene en ella una verdadera ciencia auxiliar, una apoyatura de enorme relieve. Todo se expresa en lenguaje cuantitativo. No son ajenas a ella ni la psicología ni la psiquiatría[7].

La *inteligencia científica* es propia del investigador. Se caracteriza por el estudio minucioso de algo que se lleva a cabo con una metodología estricta, rigurosa y que tras un proceso gradual es capaz de demostrar algo expresado en un lenguaje estadístico. Es una de las realizaciones más importantes que puede llevar a cabo el hombre moderno y gracias a ella los avances habidos en el último siglo son impresionantes: desde la medicina a la navegación aérea, pasando por el mundo de las comunicaciones, hasta llegar a las exploraciones llevadas a cabo en la Luna. El campo es inmenso. Es un camino difícil, complejo e incierto. En él influyen muchos factores, desde económicos y políticos a otros ideológicos. El método más frecuente es el *hipotético-deductivo*, que parte de la observación, registra hechos, busca su repetición y trata de descubrir las leyes que los mueven. Luego va corrigiendo sus modos a partir de nuevos avances y observaciones[8]. Por centrarme en mi especialidad, la psiquiatría, no quiero dejar de contar cómo un médico suizo, Roland Kuhn, descubrió casualmente el pri-

---

7. Un ejemplo personal: estoy haciendo un trabajo de investigación con mi equipo sobre la felicidad. Para ello estamos utilizando la *escala de evaluación de Argyle*, un profesor de Psicología de la Universidad de Oxford. En una muestra de población escogida al azar y otra con problemas psiquiátricos consideramos cinco variables: edad, sexo, estado civil, nivel sociocultural y nota que se pone la persona explorada de 0 a 10 (autovaloración). El tratamiento estadístico de los datos es clave y en ello estamos. En otro capítulo de este libro expondré los resultados y explicaré la hipótesis de trabajo.

8. El tema es apasionante y tiene muchas ramificaciones.

mer antidepresivo. Estaba tratando de ver la respuesta clínica de una serie de medicamentos tricíclicos (con tres anillos bencénicos en su estructura) y se dio cuenta de que no ejercían una acción positiva sobre ciertas enfermedades de la piel, pero registró que una gran mayoría de ellos mejoraban el estado de ánimo. Este descubrimiento fortuito (como tantos otros en los campos de la psiquiatría y de la medicina general) supuso un enorme logro para curar las enfermedades depresivas de naturaleza endógena.

Otros datos se pueden obtener mediante instrumentos capaces de ampliar el mundo de los sentidos y captarlo de modos nuevos. Toda investigación parte de una *hipótesis de trabajo*, que es una observación repetida que plantea cómo llegar a conocer sus leyes y sus fundamentos y construir un modelo teórico que confirma o desmiente aquello que se trata de verificar. La ciencia progresa por ensayo y por error y uno de sus objetivos es diseñar modelos explicativos[9]. Hoy en día asistimos a un progreso técnico sin precedentes. Pensemos que en un avión recorremos el mundo en un par de días y al mismo tiempo vamos oyendo música o viendo una película. Y con más seguridad que yendo por una carretera. Pensemos en que con un pequeño teléfono móvil nos comunicamos en unos minutos con alguien que está en el otro extremo del globo terráqueo. Un GPS es capaz de guiarnos por media Europa hasta conducirnos a los rincones más extremos.

---

9. La filosofía busca la *verdad*. La ciencia se aproxima al conocimiento de algo en términos de *certeza*.

El que tiene *inteligencia científica* se siente inclinado a descubrir todo lo que ve para intentar mejorarlo y conocerlo al detalle. De ese modo su cabeza se ve orientada hacia una especial visión del mundo. Pensemos en Newton o Einstein: se preguntan el porqué de los hechos que ven delante de sus ojos. Ese es el punto de partida. Esa es su vocación. Las leyes científicas y técnicas nos descubren cómo suceden ciertos hechos. Durante toda la segunda mitad del siglo XIX se creyó en el *mito del progreso indefinido*, un optimismo que recorrió el mundo desde 1870 a 1914. En este periodo se dieron pocos conflictos bélicos en Europa y la ciencia avanzó de forma exponencial. Hoy sabemos que todo esto no es totalmente así y que por otra parte ha ido creciendo la *especialización* hasta grados muy exagerados[10]. Es el resultado de tantos conocimientos como se van descubriendo, lo que hace imposible que una sola persona sea capaz de abarcarlos todos. Las ramas de la psiquiatría hoy van desde la infantil, la adolescente, la de la tercera edad, la medico-forense, la social, la dedicada a los trastornos de la personalidad, al estrés o a las depresiones. Lo mismo sucede en otros ámbitos del saber técnico. Lo que está claro es que en el mundo actual esto es una realidad, pero debe acompañarse de una visión general de las materias cercanas a aquella en la que uno trabaja. Y por supuesto no hay que perder de vista la enorme importancia de la *cultura*, que no es otra cosa que la curiosidad por aprender, por saber más,

---

10. Es algo que tiene hoy una resonancia extraordinaria. La *superespecialización* de la medicina en general y de la psiquiatría en particular es enorme.

que nos lleva de la mano a bucear en sus principales ramas: el arte, la literatura, la música, la historia y todo lo que se desprende de cada una de ellas formando un árbol frondoso. Hablamos así de la *inteligencia ilustrada*, que se alimenta de todo eso y que tiene en la *lectura* y el *estudio* dos fuertes puntos de apoyo[11].

Inteligencias espontánea y provocada: la primera es aquella que se despliega sin ser necesario ningún estímulo que venga desde fuera. Se pone en marcha como juego de habilidades y aptitudes que están prontas a entrar en juego. A la segunda le sucede justamente lo contrario: ofrece su mejor rendimiento cuando alguna presión externa le sirve de acicate y aliento. Es el caso de las personas que se crecen en un debate en televisión o son buenos parlamentarios[12]. También influye aquí la cultura, como tendencia a la lectura, lo que da una mayor riqueza al lenguaje y un conoci-

---

11. Eso sí, hay que saber diferenciarlas. La *lectura* es una actividad que nos lleva a sumergirnos en un libro, en un periódico, una revista o un semanario. Aquí uno se recrea en lo que tiene delante, pero de forma podríamos decir que relajada, distendida. Todo es vivido de forma más *pasiva*. En el *estudio* la actitud es más *activa* y uno trata de fijar aquello que lee y retenerlo y archivarlo en las estructuras de la memoria. Una cosa es leer una buena novela y otra bien distinta estudiar Derecho Civil.

12. Ahora recuerdo el caso de Winston Churchill, el gran político inglés, líder del Reino Unido durante la II Guerra Mundial. Fue nombrado primer ministro en 1940 y pronunció la célebre frase en su toma de posesión: «Yo no tengo otra cosa que ofrecer que sangre, sudor y lágrimas». A partir de 1945 fue el portavoz de la oposición y se hicieron muy famosas sus intervenciones, con una mezcla de gran facilidad de palabra, espíritu crítico y una enorme y sarcástica ironía. En 1953 recibió el Premio Nobel de Literatura. Ha sido uno de los hombres más completos del siglo XX, reuniendo muchas inteligencias, en plural, en su persona. La social, la sintética y la provocada hay que destacarlas muy en primer plano.

miento y visión de la historia y de los acontecimientos enorme. Insisto, son muchos los planos que convergen en la inteligencia y Churchill es un magnífico ejemplo.

Inteligencias analítica y sintética: una trata de escudriñar los problemas, pero separando, distinguiendo, puntualizando los perfiles que presentan. La otra consigue resumir apretadamente las características que se hospedan en un fenómeno, hecho, situación o persona. Es espíritu sumario, de reducción abreviada y extracto esquemático que facilita el trabajo: tesis, antítesis, síntesis[13]. Ante un hecho similar negativo nos encontramos con respuestas de ira, ansiedad, depresión, pánico o, por el contrario, serenidad o capacidad para crecerse ante las adversidades, tomándolas como una ayuda para crecer como persona. La evolución y la síntesis dependen finalmente de variables internas muy concretas. El tema da para mucho, aquí lo esbozo someramente, pero repito de otro modo lo que vengo diciendo en las páginas de este libro: *la inteligencia es una forma de evaluar la realidad* que, según el dominio de un tipo de inteligencia o de otro, dará diferentes resultados.

Inteligencias analógica y metódica: la primera es aquella capaz de recurrir a la metáfora mediante un juego de comparaciones, de similitudes, de equivalencias o parecidos. El

---

13. La psicología cognitiva nos habla mucho de todo esto. Nos explica la enorme importancia de los *procesos de evaluación*, que difieren en cada persona según su particular sensibilidad, su biografía o su vulnerabilidad concretas ante ciertas circunstancias. Remito al lector interesado al libro de Lazarus y Folkman, *Estrés y procesos cognitivos*, Martínez Roca, Barcelona, 1986, pp. 47-76 y 105 y ss.

símil sirve de puente para homologar el relato. La segunda sigue los cánones del método hipotético-deductivo que rige el pensamiento lógico-relacional: inducción-deducción-verificación de la hipótesis de trabajo. La primera se da bien en el gran escritor[14].

En cuanto a la segunda, la metódica, es la del investigador, que bucea en los entresijos de algo que trata de captar. Hoy tiene a la estadística, que ya he comentado, como su gran aliada.

Una nota a pie de página: la inmadurez sentimental del joven actual

La vida consiste en un aprendizaje continuo. Una de las piedras angulares de la educación es tener conciencia de las propias limitaciones. La cultura abarca muchos campos que

---

14. Cervantes, en el último capítulo de *El Quijote*, titulado «De cómo Don Quijote cayó malo y del testamento que hizo y de su muerte», se expresa de la siguiente manera ante el cura, el bachiller Sansón Carrasco y el barbero —sus amigos—, sin quitarse de la cabeza a su viejo escudero Sancho Panza: «Señores, vámonos poco a poco, pues ya en los nidos de antaño no hay pájaros hogaño. Yo fui loco y ya soy cuerdo. Fui Don Quijote de la Mancha y soy ahora, como he dicho, Alonso Quijano el Bueno». Y termina con un consejo para su sobrina, delicioso: «Es mi voluntad que si Antonia Quijana, mi sobrina, quisiere casarse, se case con hombre de quien primero se haya hecho información que no sabe qué cosa sean libros de caballerías; y en caso que se averiguare que lo sabe y, con todo eso, mi sobrina quisiere casarse con él y se casare, pierda todo lo que le he mandado, lo cual puedan mis albaceas distribuir en obras pías a su voluntad». En una palabra, el caballero de la Mancha vivió loco y murió cuerdo. Don Quijote es el alma española: todos llevamos el idealismo de Don Quijote dentro y todos tenemos un Sancho Panza circulando en nuestra personalidad. El idealismo y el realismo juntos.

se abren en abanico en distintos terrenos. Vengo observando desde hace cierto tiempo un fenómeno que me llama poderosamente la atención: *la falta de madurez afectiva* en hombres jóvenes, los que van de los veintitantos años largos en adelante y que no saben gestionar de forma sana el mundo de las emociones.

La educación sentimental es una pieza clave de la cultura. Difícilmente una persona podrá alcanzar un adecuado desarrollo psicológico si no sabe educar y enfocar de forma sana los sentimientos. Vivimos en una época de intensa incultura afectiva en el hombre (que no en la mujer), que se manifiesta de modos muy diversos: infidelidad de muchas parejas, consumo de sucedáneos sentimentaloides, amores ficticios, relaciones frágiles, rupturas traumáticas, amores eólicos y mucho desamor en el entorno.

Caso clínico: una inmadurez afectiva grave en un buen profesional.

Se trata de un hombre de treinta y seis años, que se casó a los treinta y cuatro. Licenciado en Derecho y que trabaja en un bufete donde hay unos quinientos profesionales. Se puede considerar que ha sido una persona que no es ni muy cerrada ni muy abierta. Es de una timidez relativa. Siempre ha estado muy preocupado por hacer gimnasia y tener un cuerpo más bien atlético. Es el pequeño de tres hermanos: vanidoso, poco culto, con poca curiosidad por la cultura y con una pandilla de amigos en donde, según él mismo nos cuenta, la superficialidad y el pasarlo bien sin más eran las señas de identidad.

Tuvo una novia a los veintisiete años de la que nos dice lo siguiente: «Tengo que reconocer que a mí una mujer me interesa de entrada si es muy guapa. Tengo que decirlo así, como suena. Es más, si no es muy llamativa, paso de ella, no me fijo lo más mínimo. Para mí el físico es muy importante. Luego viene cómo es esa persona, que lo valoro, desde luego. Aquella novia que tuve a los veintisiete años era como una modelo y empecé a salir con ella, aunque a la vez tenía otra chica con la que iba y venía. Esta me atrajo más porque de entrada me hizo poco caso y yo no estaba acostumbrado a eso. Fue como un reto para mí. Ella era caprichosa y pasados los primeros meses vinieron muchos enfados y peleas, y días sin llamarnos por teléfono. Yo no quería dar mi brazo a torcer. La relación duró casi tres años y la verdad es que sufrí mucho y mi familia y mis amigos me decían que la dejara. Pero al final fue ella la que tomó la iniciativa y me plantó. Yo me quedé muy tocado».

Como resumen, diré que se dieron muchos desencuentros entre ellos, sobre todo porque él tenía muy poca madurez afectiva. Paradójicamente él es un buen profesional del Derecho, aunque durante sus años en la universidad demostró poca *inteligencia auxiliar*. Especialmente tuvo muy bajos niveles de constancia y voluntad. Prosigue su relato: «Después pasé unos años sin ganas de comprometerme con nadie, saliendo con mis amigos, pero me sentía muy afectado por esa relación tan rara y difícil para mí. Y así pasaron dos años, hasta que conocí a la que ha sido mi mujer. Fue durante un verano, en casa de unos amigos. Ya me habían hablado de ella: una mujer médico, de un año menos que yo, con mucha personalidad. Enseguida hubo buena sintonía entre nosotros. Sin embargo, yo le había cogido miedo al compromiso, sobre todo viendo cómo algunos amigos míos ya se habían separado de sus mujeres y dándome cuenta de que es mejor no hacer tonterías ni embarcarse en empresas difíciles. Aun así, esta mujer me buscaba y me llamaba y yo me resistía, pero terminé saliendo con ella.

Por ese tiempo pasé varios días a la semana yendo al gimnasio a última hora del día y empecé a cuidar mucho mi dieta. Incluso contraté a un entrenador personal que me iba dirigiendo sobre qué tipo de tabla de ejercicios debía hacer. Ella me insistía en que estaba un poco obsesionado con hacer tanto ejercicio y que debía dedicar algo de tiempo a la lectura. Y es cierto, porque nunca he sido muy lector, es algo que siempre me ha costado. De hecho me regaló un par de novelas de actualidad y un libro sobre los sentimientos. Este último lo empecé y lo dejé, porque me parecía que no era para mí.

Empecé a salir con ella un poco a remolque, porque no lo veía claro. Luego las cosas rodaron de otra manera y conecté bien con su familia, que me recibió muy bien. Intenté dejarlo unas cuantas veces, pero ella siempre me convencía y finalmente nos terminamos casando. Desde el principio nuestra relación no funcionaba, sobre todo porque yo seguía saliendo con mis amigos y, tengo que decirlo, ella me restaba libertad. Yo no sabía que la convivencia era tan complicada y mantuvimos discusiones frecuentes, días sin hablarnos. En medio de todo esto tuvimos una hija, que nos llenó de alegría y cambió un poco el panorama».

Hoy en día es esta una queja muy frecuente de la gente joven: la convivencia es demasiado difícil y por eso vemos muchas parejas de hecho o con relaciones muy *light*, livianas, en las que todo está preparado para la ruptura, todo es quebradizo. Pero sobre todo lo que vemos es muchos más hombres que mujeres con muy poca madurez sentimental. En una palabra, falta de *inteligencia emocional* por un lado y algunos ingredientes clave de la *inteligencia auxiliar*: en especial voluntad para sacar adelante esa relación y poner los medios adecuados para superar los inevitables obstáculos que antes o después irán apareciendo.

Sigue explicándonos su tema en primera persona: «Tuvimos un segundo hijo y mi mujer lo preparó así para que se arreglara de una vez por todas lo nuestro. En medio de todo esto apareció una nueva compañera de trabajo en el despacho. Ella tenía ocho años menos que yo. Al pasar tanto tiempo juntos empecé a abrirme a ella y a contarle lo que pasaba en mi matrimonio. Le contaba todas las discusiones y lo mal que estábamos mi mujer y yo. Ella me oía y se convirtió en mi confidente. Lo peor es que la relación con mi mujer se fue deteriorando. Empezamos a decirnos cosas duras y a sacar cosas del pasado. Eso hizo que me volviese cada vez más serio y seco con ella. Me llegué a ir varias veces a vivir a un apartamento. Todo esto hizo que me uniera cada vez más a mi compañera de trabajo. Ella nunca me reprochaba nada y nos divertíamos mucho cuando salíamos y terminamos teniendo relaciones sexuales. Como empecé a quedarme más tiempo en el despacho para estar con esta compañera y no escuchar las reprimendas de mi mujer, comencé a mentirle. No daba señales de vida, apagaba el móvil y dejé de ocuparme de mis hijos. Yo ya se lo había dicho a ella, que ser padre era demasiada responsabilidad para mí y no estaba preparado».

La separación fue muy traumática y con momentos de gran tensión emocional. La guarda y custodia de los hijos fue para ella, él no opuso la menor resistencia, pues dijo literalmente: «Prefiero que estén con su madre, yo no sé cómo hay que educarlos, son muy pequeños. Además, así tengo más tiempo libre para mis amigos, para poder salir con ellos». La relación con la chica de su oficina no duró mucho, pues los roces en el trabajo y que «ya no me suponía tal distracción» hizo que lo dejaran. Después de la separación se ha centrado cada vez más en su trabajo. Su vieja afición a la caza ha vuelto a practicarla con más asiduidad y suele irse casi todos los fines de semana con un grupo de amigos, algunos de los cuales también están separados.

El caso es muy claro: *La madurez de los sentimientos significa saber gestionarlos y poner todos los medios para sacar adelante la relación de pareja*. Pero en el caso que nos ocupa desde el primer momento la relación no funcionó. Es una mezcla de irresponsabilidad, desconocer lo que es verdaderamente el amor, a lo que se une un fondo frívolo, ligero, superficial. Y también el estar muy centrado en sí mismo. El egoísmo asoma unas veces de forma intermitente y otras de modo más permanente. Me recordaba a Cervantes, cuando dice Don Quijote: «Cada uno es hijo de sus obras... Cada uno labra su propia fortuna».

Los sentimientos son una base importante de nuestra existencia. Nuestra primera aproximación a la realidad es afectiva: esto no me gusta, aquello no me cae bien, me dio mala impresión... Son frases que decimos en el lenguaje coloquial. Tengo que hacer la siguiente afirmación antes de seguir adelante: *la mujer sabe mucho más de la afectividad que el hombre.* Conoce ese campo, lo cultiva y lo sabe expresar de forma más clara y eficaz. El hombre está en otros temas (la actualidad política y/o económica, su trabajo profesional, lo deportivo y un largo etcétera), de tal manera que se ha ido produciendo en los últimos años una marcada *socialización de la inmadurez sentimental del hombre*, que es casi un escándalo en la falda de este siglo XXI. Tenemos a hombres que solo quieren pasar el rato con una mujer, divertirse, pero que huyen ante cualquier cosa que huela a compromiso.

El mapa del mundo sentimental produce choques y enfrentamientos frecuentes. Unos son plácidos, otros generan temor e incertidumbre, otros gratifican con su presencia. No es una materia de tipo matemático, sino que tiene profundas raíces psicológicas y presenta una amplia gradación de tonos y colores. *El objetivo de la educación sentimental es lograr un buen equilibrio entre corazón y cabeza, entre lo afectivo y lo racional.* En el siglo XVIII la Ilustración produjo la entronización de los instrumentos de la razón. En el siglo XIX, con el Romanticismo, se dio la exaltación de las pasiones y de la emotividad. A lo largo del siglo XX el mundo racional y el afectivo han estado a la gresca y solo al final del mismo se han intentado aunar ambas constelaciones, lo que Goleman llamó la *inteligencia emocional*, que pasa por conjugar de forma armónica ambos ingredientes.

En la novela *Climas*, André Maurois describe a su protagonista, Philippe de Marcenant, como un joven sensible, observador, que se enamora perdidamente de Odile, una jovencita de belleza etérea, desdibujada, huidiza y de psicología frágil. Philippe idealiza en exceso a esa muchacha y cuando viene la realidad del día a día, bastante más prosaica, aparecen las desavenencias, los momentos malos, la falta de diálogo, los silencios prolongados, la lista de reproches... Es un claro ejemplo de analfabetismo afectivo. Para vivir en pareja y que funcione hay que tener una preparación psicológica adecuada y conocer cómo funciona la convivencia y cuáles son sus principales reglas.

Las manifestaciones de esta *incultura* quiero clasificarlas en los siguientes apartados:

1. *Miedo o pánico al compromiso*. Muchos jóvenes de hoy salen, entran, se relacionan, pero cuando se plantea que todo eso aterrice en un compromiso sólido, reaccionan con miedo, ansiedad, gran desasosiego, pánico o temor enorme a que eso no funcione y salen huyendo. *Solo quien es libre es capaz de comprometerse.*

2. *Esa inmadurez afectiva se puede asociar con un buen nivel profesional.* Se trata, por tanto, solo de un bajo nivel de conocimiento y manejo de ese campo concreto. Pueden ser buenos profesionales, médicos, ingenieros, arquitectos, abogados o gente con profesiones no universitarias que se

desenvuelven bien en sus tareas, pero que paradójicamente saben muy poco de la afectividad. Les cuesta amar, querer en el sentido de entregarse, y tratan de aplazar cualquier vínculo o unión. Pasarlo bien, pero sin otras miras.

3. Va apareciendo de forma gradual una cierta *incapacidad para expresar sentimientos*. Los sentimientos aparecen mediante el lenguaje verbal (las palabras), el lenguaje no verbal (los gestos), el subliminal (que se cuela entre los dos anteriores), el epistolar (escribir pequeñas cartas de amor, esto ya es para nota) y en los lenguajes modernos de las redes sociales. Las dificultades para dar cuenta de lo que uno siente se llama hoy *alexitimia*: no saber o no poder expresar afecto. A la larga es una limitación psicológica bastante seria.

4. Este tipo de hombre *se centra casi exclusivamente en el trabajo*. Se va produciendo en él una hipertrofia profesional que a menudo se desliza hacia la *adicción al trabajo*: no tener tiempo más que para trabajar. Trabajar y ganar dinero, esos son los dos objetivos. Por ese derrotero esta persona utiliza lo emocional como divertimento, para pasar el rato, como un entretenimiento sin más y una exploración de sí mismo como telón de fondo.

5. Siguiendo este curso de ideas, esa persona se encamina hacia una mezcla de *egoísmo* y *egolatría*. Pensar solo en sí mismo, una idolatría de su yo. Todo se centra en progresar profesionalmente, en adquirir una adecuada posición económica y disfrutar y pasarlo bien. Todo se queda ahí. Se han evaporado los valores humanos y la palabra «amor» se diluye en encuentros sexuales puntuales, pasajeros, en

donde esa persona se busca a sí misma una y otra vez. Es la *magia de lo efímero*. Todo se torna intrascendente. No hay cabida para un amor auténtico. Es el monumento al individualismo.

Todo es ligero, sin calorías. Es la vuelta del *hombre light* con otros ropajes. *El hedonismo y la permisividad* se sitúan en primer plano: el placer y el todo vale. Ese joven que describo se mueve en esas coordenadas. Y de ahí se desprenden, desgajados, el *consumismo* y el *relativismo*. El resultado es un ser humano de poco valor, que termina cayendo sin darse cuenta en un gran *vacío interior*: sin moral, sin valores, es la ética indolora. *Es la absolutización de lo relativo*.

La persona verdadera necesita un amor auténtico: ese debe ser uno de los grandes argumentos de la existencia, incluso en los tiempos livianos en los que nos ha tocado vivir. Hoy asistimos a este *analfabetismo sentimental*, sobre todo en el hombre. Es un desconocimiento de los principales componentes de esta materia, que va a dar como resultado una cascada de parejas rotas. Es uno de los signos de estos tiempos. Vuelvo a plantear un tema que he ido dejando caer en las páginas de este libro: nos encontramos ante la combinación de una inteligencia general elevada o suficiente y una seria incapacidad para desenvolverse en el mundo de la afectividad.

capítulo

IV Inteligencia y liderazgo

Otras definiciones de inteligencia

Al comienzo del presente libro he ido dando diferentes definiciones sobre qué es y en qué consiste la inteligencia. Está claro que son muchas las maneras de acercarnos a este concepto tan poliédrico, cuyas facetas son tan ricas y los modos de mencionarla se abren en un amplio espectro. El ser humano elige, busca metas a través de objetivos concretos. *El aprendizaje es mucho más importante que el instinto.* Lo propiamente humano es tener un proyecto de vida y luchar por sacarlo adelante. Ahí entra la importancia de la inteligencia, que actúa de cuatro maneras:

1. *La inteligencia es el arte de sacarle a la vida personal el máximo partido.* Es un saber computacional[1]. Ha-

1. Hay un libro a propósito de este tema que ocupa un lugar preferente en mi biblioteca. Es una obra de Jean Khalfa, profesor de Neuropsicología del

ber sabido almacenar información, tener experiencia de la vida y gestionar todo ese conocimiento acumulado para que rinda del mejor modo posible.

2. *La inteligencia humana va mucho más allá del circuito estímulo-respuesta*. Para el conductismo este binomio es clave y explica cómo se desenvuelve el comportamiento. En el ser humano esto se supera ampliamente gracias a la utilización de los *instrumentos de la razón*. Se aprende a vivir buscando las mejores soluciones a los distintos obstáculos que se nos van presentando.
3. *El ser humano es el único ser vivo capaz de gobernar sus instintos con las herramientas de la inteligencia*. El gobierno de la persona y la dirección hacia metas positivas arranca de la inteligencia. No perdamos de vista las muchas modalidades de inteligencia que existen.
4. *Inteligencia es capacidad para relacionar y mezclar todas nuestras capacidades*. Es decir, tiene la facultad de mezclar la percepción, la memoria, el pensamiento, la imaginación, la afectividad, la voluntad, etc., para que el desarrollo sea lo más completo posible. La inteligencia es una facultad superior que hay que educar y nutrir para que dé el mejor resultado. Por

---

Trinity College de Cambridge (Inglaterra), que desde el principio nos ofrece observaciones muy atinadas y despierta muchos campos cercanos a la psicología y a la experimentación. Se trata de *What is Intelligence?* (Cambridge University Press, Londres, 2004). Me sorprende mucho el capítulo dedicado a la inteligencia matemática, a la inteligencia musical y a la relación entre lenguaje e inteligencia. Un colaborador de este libro, el profesor Richard Gregory, escribe un apartado muy sugestivo sobre la inteligencia y la vista.

ese camino se va aspirando a *una vida lograda*, que no es otra cosa que conseguir la *autorrealización.*

Quién es un líder

Decía el director de cine George Lucas, en una entrevista, que le gusta hacer las películas que él querría ver. Voy a describir brevemente cuáles deben ser los principales ingredientes de un líder. Ser psiquiatra tiene la ventaja de que uno está acostumbrado a bucear en la vida ajena y a perforar superficies. Aprendemos a fijarnos con mucha atención en la conducta. Y se aprende que lo importante en esta vida no es tener buenas cartas, sino saber jugarlas. El que no sabe lo que quiere no puede ser feliz.

El término *líder* procede del inglés *leader*, que significa *guía, jefe*. Es el que dirige a un grupo, el que conduce y abre camino, el que tira de los demás. ¿Cuáles son sus principales características?

1. Debe tener una *personalidad atrayente*. Toda personalidad es transparente y opaca, clara y difusa, de perfiles bien definidos y a la vez imprecisa. Pero aquí lo que hay que destacar es la capacidad de seducción[2]. Es una mezcla de hechizo, carisma, admiración

---

2. Recordemos que educar es seducir con valores sólidos, una transmisión de lo mejor: lo valioso, los mejores ideales, lo que hace más humana a la persona. Por eso, la ejemplaridad es lo que arrastra, no las palabras.

y cordialidad que nos arrastra y empuja hacia él. Es como un imán que nos atrae y que es capaz de llevar a su terreno a mucha gente y convencerla con sus ideales. Las palabras mueven; el líder arrastra.

2. Debe ser *coherente*, que entre lo que dice y lo que hace, entre la teoría y la práctica de su vida, exista una buena proporción, un equilibrio, conformidad entre el pensamiento y la realidad. *Uno es lo que hace, no lo que dice.* Habla la conducta, que deja claro lo que somos. Trata de vivir en la verdad. No se miente a sí mismo ni a los demás. *Es una persona verdadera*. Aspira a no tener varias caras, sino que lucha y se esfuerza por no mostrar diferentes personalidades según el ambiente y la gente. Carece de contradicciones fuertes o al menos pone todo su empeño en que se desdibujen y pierdan solidez. En una palabra: *sinceridad de vida*. También *autenticidad*[3]. El líder sabe que la ética es su soporte, como el arte de vivir con dignidad o el de usar de forma correcta la libertad. *Liderar es servir*. Un líder es alguien con autenticidad, en quien se puede confiar, que no busca el aplauso ni el consenso como lo más importante, de ahí su grandeza[4]. Por eso pasa de

---

3. Es una persona que sabe mostrarse como es realmente, sin varias caras. Los anglosajones lo dicen de un modo categórico: *be yourself*. «Sé tu mismo». *Ser auténtico es no renunciar a lo que uno es y en lo que uno cree.*

4. Me vienen de golpe a la cabeza: Adenauer, De Gasperi, Schumann o Winston Churchill, que hicieron historia y fueron líderes en el sentido más concreto del término. Ahora la líder de la Unión Europea dicen los que saben que es Angela Merkel y, después, David Cameron. Quizá se podría destacar al secretario general de la ONU, Ban Ki-Moon.

largo de las críticas que inevitablemente caerán sobre su figura. Hay solidez de piedra castellana.

3. Hay en él *un buen equilibrio entre corazón y cabeza*, entre los sentimientos y el mundo de los instrumentos de la razón. Sabe ser afectivo, emocional, vibrando con las alegrías y las tristezas que suceden a su alrededor y, a la vez, maneja bien la inteligencia, la lógica, la argumentación, el juicio ponderado. Como un rayo de sol que entra oblicuo por la ventana, hace brillar estos dos mundos complementarios, lo que le lleva a tener capacidad para superar las adversidades y reveses de la existencia y mostrar una positiva filosofía de vida. Hay talento, orden, disciplina. Si es un líder de altura, de mucho nivel, llega a tener la sencillez de los sabios. Es la síntesis de lo esencial.
4. Estas personas tienen *autoridad*. Esta palabra procede del latín *auctoritas* y en su significado está la idea de *aquel que te hace crecer como persona*. Es el que tira de ti hacia arriba tratando de sacar lo mejor que llevas dentro. Es el arte de saber dirigir (sin querer hacerlo) y de hacerse obedecer. *Es un referente*. Un faro que ilumina y que sirve para aclarar el camino. Lo diré de una forma más categórica: *la autoridad es la superioridad poseída por méritos propios y que es seguida por muchos*. Supremacía, dominio, mando. Los clásicos distinguían dos ideas: *auctoritas* por un lado y *potestas* por otro. La primera es señorío, jefatura, imperio, prestigio, estimación, ser escuchado y observado para aprender, siendo capaz de proponer

una doctrina de vida que fascina y se hace sugerente. La segunda se refiere al que manda y por eso tiene poder. Pero cuando deja de mandar, de estar en el poder, una vez suspendido en sus funciones, desaparece su fuerza. En el lenguaje coloquial lo decimos de forma gráfica: a fulanito se lo ha tragado la tierra. Todos lo vemos con cierta frecuencia, *personas que tienen poder pero que no tienen autoridad*. El que solo tiene poder, manda, pero no gobierna.

5. *El verdadero líder tiene capacidad para contagiar entusiasmo*. Y además se guía por un sentido positivo y sabe transmitir alegría. Su mirada aletea por encima de las dificultades y conflictos y sabe dar una visión optimista a pesar de las dificultades y los problemas, que nunca faltan. No olvidemos que el pesimismo goza de un prestigio intelectual que no merece. El líder es una persona admirada en quien la gente confía, con capacidad de convocatoria y fuerza para ilusionar. Hay pocas cosas tan contagiosas como el entusiasmo. Pero el mundo está sumergido en una profunda crisis económica de proporciones gigantescas —de la que parece ser estamos empezando a salir[5]— que está dejando en nuestra sociedad unas

5. Estoy escribiendo estas páginas a mediados de febrero de 2016. ¿Estamos realmente saliendo de la fuerte recesión económica que se inició en 2008? España está en la encrucijada de un giro a una izquierda radical, como ha sucedido en Grecia y Portugal, mientras que Francia lo hace a la derecha. La corrupción ha dejado un aire de desencanto muy serio, de incredulidad en muchos políticos, que es la causa principal de los hechos que estamos viviendo. El tiempo dirá. Lo cierto es que el desprestigio de la clase política se ha gene-

notas dibujadas de melancolías rizadas de incertidumbres y alargadas en el tiempo. Un buen líder conoce la realidad, pero mira con esperanza hacia delante. La esperanza es la virtud del caminante, que sabe que va a llegar a la meta. Es una mezcla de seguridad y certeza bien ajedrezadas. Hay *empatía*, buena capacidad para interactuar de forma positiva, sabe llegar a la gente de arriba y abajo. *El líder debe ser un comunicador nato*. Empuja, arrastra, se lleva a muchos a su lado con su mensaje de vida.

6. El líder *es capaz de mostrar en público sus creencias*, huyendo de lo políticamente correcto. Tiene el coraje de expresar lo que lleva dentro, aun a costa de caer mal o alejarse de lo que la mayoría espera que diga. Este punto es conflictivo, lo sé. Y difícil de llevar a cabo. Toda persona tiene dos facetas: *la vida privada* y la *pública*, la que es íntima y la que enseña a los demás. El líder es escrutado por la gente, que se cuela por los pasadizos de su ciudadela interior. Y si es alguien que está en la política, muchos periodistas entran en su vida y milagros para desguazarlo, mostrando al desnudo sus incongruencias y errores.
7. El líder *sirve de modelo de identidad*. A la gente que sigue sus pasos le gustaría parecerse a él. Hay algo que empuja en esa dirección y lleva a imitarlo de al-

---

ralizado. Pagan justos por pecadores, cierto, pero el espectáculo que observamos es muy triste y ha sembrado un escepticismo muy generalizado hacia los que nos gobiernan.

gún modo. El verdadero líder te ayuda a ser mejor. Te influye en positivo para sacar lo mejor de tu persona, para remover en el álbum de tu vida y extraer los mejores recuerdos. Es la fuerza de la credibilidad. Quiero terminar oteando tres figuras estelares de abajo a arriba: el *profesor*, el *maestro* y el *testigo*. El *profesor* enseña una disciplina, explica una materia y se queda ahí. El *maestro* enseña lecciones que no vienen en los libros, su magisterio se esconde tras sus palabras y sus gestos. Al alumno avezado le gustaría parecerse a él, hay algo sumergido en su conducta que atrae con magnetismo. El *testigo* es una lección abierta de vida, un ejemplo a seguir, un camino claro por donde uno puede andar. *Nuestra sociedad necesita más testigos que maestros*; vidas verdaderas, más que gentes que explican teorías. *Uno es lo que hace, no lo que dice.*

No quiero dejarme en el tintero un matiz, la diferencia que hay entre *líder* e *ídolo*. Pueden confundirse o superponerse los conceptos, pero son distintos. *El líder es la autoridad conseguida por una trayectoria ejemplar que es seguida de forma racional por una cierta mayoría.* Arrastra, convence, atrae, lleva a muchos en su dirección. Tener *liderazgo* significa influir de forma psicológica, cultural e intelectual. *El ídolo es alguien que es seguido por mucha gente de forma emocional y que se convierte casi en una divinidad social.* Está muy relacionado en nuestra sociedad con el deporte en sus distintas facetas y lo suelen fabricar los periodistas. Tener *idolatría* por una persona significa casi adorarle[6]. Una observación llegados a este punto: hay que saber diferenciar bien entre la *fama* y el *prestigio*. Famosa es una persona que sale en los medios de comunicación, que aparece una y otra vez, de la que se habla con insistencia, que tiene notoriedad... Pensemos en los personajillos de las revistas del corazón, que llenan sus páginas, o que aparecen en los programas de televisión. Son personas de las que se habla y sirven de pasatiempo para muchos. Estos tienen fama, pero no prestigio. Por el contrario, una persona tiene prestigio cuando tiene reputación, cuando es valorada por sí misma y por su trabajo, cuando hay admiración hacia ella y ejerce una influencia positiva sobre la sociedad. Sirve de referente.

Un mundo sin líderes

Después del análisis que acabamos de ver, creo que se puede afirmar, aunque con matices, que *vivimos en un mundo sin líderes*. No quiero hacer del líder un superhombre, pero sí alguien con un carisma suficiente para que sean muchos los que de una manera u otra lo sigan. No me refiero solo a las personas dedicadas a la política, sino a las que están

6. Vuelvo a lo que he dicho en las páginas precedentes: *el prestigio da autoridad y categoría a una persona*. El caso de los futbolistas merece una mención aparte. En una encuesta de la revista *Time* se decía que las tres personas más famosas en la sociedad occidental actual eran, por este orden, Messi, Cristiano Ronaldo y el papa Francisco. Sin comentarios.

en los medios de comunicación, los directores de cine, los escritores de peso, los grandes periodistas, algunos intelectuales. El problema es que muchos de ellos no llegan casi al gran público y se quedan en un entorno bastante reducido. Porque los medios de comunicación por regla general lo que buscan es solo ganar audiencia en casi todas partes y eso marca unos contenidos mínimos de calidad.

Un ejemplo claro de esto son, como ya he dicho, *los personajes de las revistas del corazón*. Aquí hablamos del *mínimo minimorum*. Son lo básico, lo más común en la cultura de masas, ya que es fácil el acceso a esos medios. Muchos se fijan en esas vidas rotas, partidas por la mitad, y siguen sus andanzas. No te exigen nada. Solo tienes que dejarte llevar porque no te preguntas nada. Es como un bebedizo que entra casi sin que te des cuenta. Las revistas y la televisión hacen de este género un pasatiempo a la vez divertido y penoso, mientras el auditorio queda atrapado en unos vaivenes personales de sujetos sin mensaje, que son famosos por aparecer allí y por airear su vida privada. *Es un patio de vecindad elemental de chismes y cotilleos*.

¿Por qué tienen tanto tirón, por qué interesan tanto? Porque la vida afectiva tiene fuerza de atracción, pero siempre y cuando exista en ese mensaje ruptura, drama, escándalo... Pero, incluso así, ¿por qué? Porque interesa *lo morboso*. Es como una curiosidad dañina que nos traslada a una especie de escena romántica con todos sus ingredientes. El final es triste, *compensa muchas cosas de la vida personal* que de ese modo se neutralizan y pierden dureza y gravedad. Vidas sentimentales expuestas con detalle, abiertas en abanico, exploradas por expertos en estas lides, con roturas de sus hilos principales y dramas con todos sus ingredientes servidos en bandeja. Es un fenómeno contagioso porque solapa y contrapesa fracasos personales[7]. Esa avidez de noticias sobre rupturas de parejas hace que sus usuarios reclamen aclaraciones, matices, antecedentes y consecuentes. Es un licor engañoso que nos deja anestesiados cuando trae esas aventurillas a nuestra mente, transitando por ella como un viento de verano que mueve las hojas de nuestro calendario personal.

Siguen existiendo líderes, pero hay que esforzarse por irlos a buscar. En su gran mayoría no están en los medios de comunicación ni aparecen una y otra vez en programas de televisión o tertulias periodísticas. Los hay, pero es preciso encontrarlos: presentes y pasados. Perseguirlos es una tarea interesante que nos ayuda a mejorar nuestra andadura personal. No quiero dar más pistas: a buen entendedor pocas palabras bastan.

---

7. Las revistas y programas del corazón son una subcultura a base del *striptease* sentimental de los famosos. No llega a cultura porque no enriquece. Su influencia es muy negativa.

capítulo V

¿Qué diferencia hay entre *listo* e *inteligente*?

por Isabel Rojas-Estapé, psicóloga

Un reto para mí

Cuando se me propuso escribir este apartado del libro no pude más que sonreír. No solo por la oportunidad que suponía para mí, sino también y sobre todo porque desde hace un tiempo vengo explicando esta diferencia a la gente de mi alrededor. La inteligencia es algo que siempre ha preocupado al ser humano y es una de esas cualidades que sin duda perseguimos. A menudo las diferencias entre sus distintos componentes no se aprecian. Como habrá podido ver el lector, es mejor hablar de inteligencias en plural, pues son muchas las que pueden darse y entre ellas existen diferencias muy significativas.

Antes de ponerme a escribir sobre este tema estuve preguntando a la gente de mi entorno qué opinaba acerca de la inteligencia. Casi todas las respuestas fueron positivas: «Una persona inteligente es una que sabe mucho, una persona culta, una persona que llega lejos en la vida». Sin embargo, cuando pregunté por una persona *lista* las respuestas fueron más variadas: «Los listos son vagos, el listo es más avispado, engaña, tiene unos resortes especiales». Ante esta polarización recurrí al «maestro Google» para saber qué opinaba el resto del planeta. Apagué el ordenador después de casi cuatro horas viendo cómo la gente lista se consideraba inteligente y cómo los inteligentes daban pautas para ser listos. Yo me preguntaba: ¿quién les ha dicho que son listos o inteligentes, cómo saben ellos que lo son? ¿Ellos mismos se diferencian, saben las similitudes y las distancias? Y me senté a escribir.

No quería que nada me influyera y me puse a pensar en qué prefería ser yo, si lista o inteligente. No se trata de escoger realmente, pues soy lo que soy, pero me puse a soñar en qué preferiría ser en un mundo ideal. Ante mi asombro me puse a hacer una lista colocando a un lado lo positivo y al otro lo negativo de casa cosa. Cuál fue mi sorpresa cuando fui consciente de que la palabra *listeza* apenas era utilizada, sobre todo en comparación con «inteligencia». Y es que, sin entrar en detalles, la palabra «listo» tiene de por sí una connotación negativa. Prueba de ello son expresiones como «Este es un listillo». ¿Alguna vez hemos oído decir «Este es un inteligentillo»? Pues bien, empezando por estas dos palabras me di cuenta de que la diferencia entre inteligente y listo había sido formada a lo largo del tiempo.

En las páginas de este libro se ha ido desmenuzando la idea de inteligencia. No solo como concepto unitario, sino también en todas sus modalidades. La explicación de las distintas inteligencias y de cómo conseguirlas es clave para entender que en la mayoría de los casos la gente puede llegar a ser considerada inteligente si desarrolla alguna de las habilidades mencionadas. Sin embargo, en alguna ocasión puede ocurrir que el lector se haya visto en una de dos tesituras. O bien «No tengo ninguna de las inteligencias»; o bien que una de las inteligencias prime sobre las otras. Trataré de explicar que, siendo la inteligencia algo muy importante, no lo es todo.

Probablemente en muchas ocasiones hemos escuchado decir de una persona que «es muy inteligente». No obstante, seguramente esta exclamación no es del todo certera. Y es que, cuando se dice que una persona es inteligente, en general se suele hacer referencia a lo bien que le ha ido la vida, sobre todo en el ámbito profesional. Es decir, hacemos del éxito profesional un valor absoluto y por tanto tildamos a la persona de inteligente. Sin embargo, ¿es realmente la inteligencia la que hace que una persona consiga lo que tiene? Ciertamente no.

Una aproximación a la inteligencia

La inteligencia consiste no solo en conocimiento, sino también en la destreza de aplicar lo que se sabe a la práctica de la vida ordinaria. Inteligencia viene del latín *intelligentia*, la capacidad para entender o comprender un tema y resolver un problema. También es el conocimiento o el acto de comprensión. Hoy en día la palabra inteligencia se deforma con tal facilidad que las personas se condenan unas a otras sin saber cuál es la base o fundamento de dicho argumento. Desde tiempos inmemoriales la inteligencia ha sido el atributo más deseado por el ser humano y, sin embargo, uno de los más distorsionados. Para Platón la inteligencia era como el cochero que lleva las riendas, mientras que la emoción y la voluntad representan los caballos que tiran del carro. La primera guía y las segundas suministran la fuerza motriz. Aristóteles lo simplificó al comparar la capacidad intelectual a la capacidad apetitiva, que abarca a la vez la emoción y la voluntad. Por tanto, en ambos casos no solo tiene sitio la inteligencia, sino que está rodeada de otros compañeros como son la voluntad y el mundo de las emociones. Platón expuso que las dos actividades que hacen del ser humano un ser superior eran la inteligencia, definida como *nous*, y el pensamiento discursivo o *dianoia*. Estos a su vez están directamente relacionados con las *aptitudes*. Es decir, se tiene o no se tiene esta capacidad, que en cierto modo es natural, para alcanzar algún tipo de conocimiento o desenvolverse adecuadamente en una materia.

Desde entonces se empieza a plantear la diferencia entre una persona que intenta resolver algún problema y que sin mayor dificultad lo logra, frente a otras que tras largos intentos fracasan. Por lo tanto se tiene por *lista* a la persona que soluciona un problema sin excesivo esfuerzo, mientras que el *inteligente* lo analiza, lo plantea y estudia sus diversas laderas. *El listo es más práctico, el inteligente es más teórico;* pero todo ello con matices.

Es por tanto que el concepto de *inteligente* hace referencia a un ámbito más científico, más profundo, que implica bucear en sus ingredientes, desmenuzarlos y estudiar sus pros y sus contras. Surge en aquellas personas que realizan un gran esfuerzo para enfocar un problema o memorizar y enlazar hechos similares. Esto hace que la resolución del problema sea más lenta o incluso imposible, pues no consiguen llegar a la solución por la complejidad de variables que son capaces de espigar.

Sin embargo, también habría que hacer mención en este momento a otra habilidad que, si bien en muchas ocasiones no es considerada como una capacidad, no deja de ser una ayuda fundamental para el conocimiento de la persona. La *actitud*. Es la predisposición psicológica para afrontar un problema. Es una forma de estar o situarse frente a algo. *El listo es más operativo y eficaz, el inteligente es más analítico y le cuesta resolver.* Dicho de otra manera: *el inteligente piensa, medita, valora, sopesa lo que tiene delante;* mientras que *el listo actúa, se pone en marcha, busca la solución.* Lo diría de una forma más rotunda: *el listo es más inmediato, el inteligente es más mediato.* Cercanía y distancia, rapidez y lentitud.

El hombre sabe que por su actitud puede hoy en día conseguir muchas cosas. Es cierto que la inteligencia tiene que ir con un sinfín de acompañantes, pero ella misma es la que tira del resto. Es importante traer en este momento la distinción de ambos términos, porque aunque hoy en día se le empieza a dar una cierta importancia a la actitud, las aptitudes van siempre en cabeza. Ya lo expuso Herbert Spencer cuando formuló su teoría de la inteligencia, llamada *teoría de la inteligencia tradicional*. En ella sostiene que el mero acto de conocimiento tiene que llevar a cabo un doble proceso. Es decir, por un lado tiene que ser analítico-discriminativo y por otro sintético-integrativo. Y su función principal es capacitar al organismo para que se adapte al medio en el que está, sabiendo que este se encuentra en constante cambio y fluctuación.

Por lo tanto, llegados a este punto hemos de saber que antiguamente se conocía por inteligente a la persona que había estudiado y aprendido mucho sobre un tema. Era alguien capaz de saber casi todo sobre un asunto y ello le llevaba a no poder ser contradicho, ya que era tal su conocimiento sobre la materia que se le consideraba el más sabio. Y de ahí la relación de inteligencia con sapiencia. Sapiencia proviene del latín *sapientia*, que quiere decir sabiduría. Es el grado más alto de conocimiento. Un conocimiento profundo, concreto y muy amplio en el que una persona está instruida. Podríamos decir que se trata de un conocimiento más teórico que práctico. Un saber en donde tanto la cantidad como la calidad son importantes. Por eso tenemos que ser conscientes de que, cuando se hace referencia a que una persona es muy inteligente, lo que se está queriendo decir es que se trata de alguien muy erudito, con mucho conocimiento en una materia, en un asunto específico.

Y es que la persona inteligente es aquella que conoce, entiende y sabe sobre un determinado tema. Es un gran sabio sobre una determinada materia que le gusta, pues ese agrado por el asunto le lleva a querer saber cada día más y más. Es una persona que llega a todos los huecos de ese tema que tanto le gusta, sobre el cual se cuestiona múltiples aspectos, se hace centenares de preguntas y encuentra respuestas. Hablamos por tanto de una persona cuya característica es la de indagar, la de estudiar. Son personas que tienen la voluntad más desarrollada, pues para llegar al grado de conocer y de saber tienen que decir que no a muchas cosas, a muchas situaciones, y ponerse a aprender sobre el tema.

¿Qué es ser listo?

Y entonces, ¿qué es ser listo? Una persona lista es aquella que tiene la capacidad de entender las cosas con facilidad y rapidez. Se trata de una habilidad que está más relacionada con la cantidad que con la calidad. Es decir, se le da más importancia a la velocidad de la adquisición del conocimiento que a la cantidad o calidad de ese saber.

Resulta sorprendente que hablar de inteligencia sea más cotidiano que hablar de listeza. En el día a día la gente habla de inteligencia, mientras que el sustantivo de listo, esa listeza, ya de por sí suena raro. Con ello lo que quiero resaltar es la connotación que tiene cada palabra. Cuando se habla de una persona inteligente tenemos la concepción de que se trata de algo bueno, positivo, superior. Mientras que si hablamos de listeza, ya solo el concepto lo tenemos como algo peyorativo. Incluso como una palabra que no existe. Y pese a ello es una cualidad tanto o más importante que otras. Y es que durante mucho tiempo a la listeza se la ha dejado de lado considerando que no era tan importante como la inteligencia. ¡Qué grave error! Ser una persona lista es tener una gran cualidad.

El listo es hábil para sacar beneficio o ventajas de cualquier situación. Se trata de personas sagaces y avispadas que en todo momento y en toda circunstancia sacan una oportunidad. Son rápidos, agudos para la vida. Una persona lista está preparada siempre para encontrar la oportunidad, la salida, la solución... Hablamos de una persona práctica, a la que le gusta resolver las dificultades de forma rápida. Ante un problema, una solución. Los listos son personas que saben lo que tienen que hacer en cada momento y lo hacen. Se trata por tanto de gente resolutiva y sumamente eficaz. Saben funcionar. Y ello les lleva a tener mucho don de gentes, pues saben moverse entre los demás. En otras palabras, se podría decir que se trata de personas astutas para la vida.

No obstante, una persona listilla es la que presume de saber mucho y esto es lo que hace que el término «listo» no sea tan apreciado como el de «inteligente». El listo sabe más de práctica que de teoría y por tanto no será tan considerado por el inteligente, que es el que sabe. Sin embargo, ¿cuántas personas conocemos en esta vida que sabiendo mucho no llevan las cosas al día a día? Hay muchos matices que a lo largo de las páginas de este texto han sido explicadas. Yo las repasaré en este capítulo.

¿Cómo diferenciar a una persona lista de una inteligente?

Tras los apartados anteriores ya sabemos que ser inteligente y ser listo no es lo mismo. De hecho, en múltiples ocasiones utilizamos la palabra «listo» en ámbitos más informales o coloquiales. Cuando decimos que una persona es muy inteligente por lo general nos solemos referir a lo bien que ha llevado su vida. Es decir, al éxito que le ha llevado a obtener la vida cómoda que disfruta. No obstante, esta expresión está mal utilizada, pues lo que se quiere decir es que esa persona ha sabido conjugar muy bien los argumentos de la vida, siendo estos no solo el trabajo, sino también la familia, los amigos, la cultura...

La persona inteligente es aquella que sabe mucho sobre un tema o incluso varios, pero muy poco de otros. Puede llamar la atención su capacidad mental, generalmente con un CI elevado. Esto le lleva a ser una persona más bien teórica en la que el saber lo ocupa todo, mientras que la práctica la ha dejado de lado. Nos referimos a alguien que sabe mucho de cosas teóricas. Esta persona es una enciclopedia ambulante. Se trata de un manual de conocimientos sobre uno o varios temas, en los que su saber es extenso.

Sin embargo, el listo, sabiendo menos que el inteligente (en la teoría), tiene muchas más capacidades en la práctica. Utiliza su capacidad intelectual, aprovecha sus aptitudes y saca todo el partido que puede a la situación en la que se encuentra. Tiene asimismo una gran capacidad para adaptarse a situaciones y entornos en los que, si bien puede no estar cómodo, sale airoso. Se trata de una persona que resuelve problemas de forma eficaz y eficiente. Característica que el inteligente en muchas ocasiones no posee. Sin saber mucho sobre un determinado tema, le saca el mayor provecho a aquello que sabe. Sin ser profundamente teórico, es mucho más práctico.

En cierto modo podríamos estar hablando de dos tipos de inteligencia: la inteligencia del conocimiento almacenado y la inteligencia del procesamiento aplicada a la solución del problema. Podría ser como la inteligencia potencial y la inteligencia cinética. Las dos se encuentran entremezcladas, puesto que para resolver problemas se necesitan conocimientos. Pero al mismo tiempo para aplicar el conocimiento se necesita iniciativa.

En un mundo tan cambiante como el de hoy en día no solo se necesita conocimiento, sino también la suficiente rapidez como para poder establecer vínculos que desarrollen con éxito lo que se desea. Es por ello que el listo puede abarcar mayor número de estímulos que el inteligente y resolverlos con mayor tranquilidad. Llegados a este punto me atrevo a afirmar que una persona lista sabe lidiar mejor con el estrés que una inteligente, pues el carácter resolutivo y práctico del listo le hace no ahogarse a la primera.

No obstante, también tendríamos que valorar otros aspectos más allá de la practicidad de uno y otro. Un equilibrio psicológico o una buena situación afectiva o económica son algunos de los factores que pueden influir en uno u otro tipo de persona. Es verdad que uno se podría preguntar si la listeza viene cuando una persona afronta una situación más compleja o si por el contrario la inteligencia surge cuando uno tiene un equilibrio total. ¿Qué es mejor ser entonces?

Como casi todo en esta vida, lo mejor es tener ambas cualidades. Hay que intentar ser personas en las que la teoría y la práctica se unan, el conocimiento y la acción se hagan uno y la sapiencia y la experiencia se fusionen para hacer de la persona un conjunto completo. Pero ¿cómo conseguirlo?

¿Cómo ser inteligente?

Antes de nada se ha de aclarar que todo ser humano nace con unas características de mayor propensión para ser o no inteligente. La genética en este punto tiene mucho que decir, pues una persona es como es debido a sus familiares. Para ser una persona lista o inteligente es fundamental desarrollar una serie de características. La voluntad sin duda es la primera que se tiene que trabajar, pues para poder poner en práctica lo que uno desea hay que realizar con cierto ímpetu una labor personal profunda.

Una persona será más o menos inteligente dependiendo de su dotación genética. Todos nacemos con una determinada inteligencia que, si bien se puede desarrollar, es distinta en cada uno. La inteligencia tiene un gran componente hereditario que está directamente relacionado con el ambiente en el que se encuentra una persona. Con todo, si unos padres no han sido excepcionalmente inteligentes, su hijo sí lo puede ser. Para conseguir ser una persona inteligente una de las primeras cosas que se ha de hacer es cultivarse.

Hoy en día la cultura es el diferenciador de cada uno. Vivimos en una sociedad en donde todo el mundo puede aparentar saber o tener. No obstante, a la hora de la verdad, a la hora de demostrar lo que uno sabe o conoce, se descubren las cartas con mucha facilidad. Es por ello que lo primero que tendría que hacer una persona es ponerse a leer, descubrir el universo de sabiduría y sapiencia que hay más allá de lo que uno sabe. Para ello es bueno ir siempre un paso adelante a la hora de devorar conocimiento. Y sobre todo profundizar. Hay que saber mucho sobre algo y algo sobre muchos temas. Siempre se está a tiempo de abrir el espíritu e impregnarse de todo aquello que en un primer instante no parece del todo de nuestro agrado. Porque solo leyendo y estudiando sobre todo aquello que no se sabe, uno se da cuenta del universo infinito de ideas hasta entonces desconocidas.

Listo e inteligente: lo esencial

Cuando era adolescente aprendí en casa de mis padres la importancia de una buena conversación durante las comidas familiares. Es algo que he heredado y transmito a mi entorno. Lo solemos hacer en nuestra casa y salen temas de conversación en donde conseguimos que se dé un solo asunto, un solo argumento puesto sobre la mesa y del que todos podemos hablar y dar nuestra opinión. Por supuesto, se puede pasar de ese tema a otro si en el curso de la conversación la cosa ha llegado a su fin y es necesario hacer un cambio. También es importante que exista un moderador para poner orden, porque con frecuencia queremos todos hablar al mismo tiempo y nos quitamos la palabra. En esos casos es difícil entenderse y pueden sucederse varias conversaciones al mismo tiempo, o cruzadas. A esto somos muy dados los latinos en general y los españoles en particular. Hace unos días saqué a colación el tema que da título a este capítulo que ha escrito en su mayor parte mi hija Isabel. Y, como ha ocurrido otras veces, la conversación fue apasionante. Unos nos rectificábamos a otros, matizando entre las distintas estirpes de inteligencias que pueden darse.

Lista es una persona rápida, sagaz, astuta, operativa, práctica. Hablamos de alguien con capacidad para resolver problemas y dificultades, alguien que sabe aplicar sobre la marcha una solución para resolver una determinada dificultad. También es el que sabe lo que hay que hacer en cada momento y lo hace. Sabe funcionar. Tiene habilidades para moverse con la gente y *una visión inmediata de la realidad*. Por decirlo de una forma sencilla, es habilidoso para la vida. No analiza tanto y se dirige a la meta con prontitud. Es la inteligencia operativa, pegada al día a día. Quiere resultados a corto plazo: ¡ya! *El listo es avispado, veloz, perspicaz, despierto, sutil, está muy atento a lo que sucede y toma buena nota de lo que está pasando*. Es el triunfo de *la inmediatez*, la *visión más corta de la jugada*, la capacidad para resolver un problema. También sabe situarse en la vida de forma realista. Sabe resolver un problema que surge de forma inesperada y que pone a prueba la capacidad para ensayar una solución improvisada. *Lista es una persona con capacidad de síntesis, lo que la lleva a actuar y a resolver y a salir adelante en una situación de conflicto.* Es saber adaptarse al medio. Tiene más información que cultura.

Inteligente es el que tiene más conocimiento e información y sabe más. Comprende lo complejo y lo hace sencillo. Es *más teórico y analítico, desmenuza los temas.* Los pone sobre la mesa, los segmenta y hace un recorrido sobre ellos, serpenteando sus características y siendo capaz de detenerse en sus pliegues y matices. Es la disquisición pormenorizada. Si se acompaña de cultura, todo se enriquece. Y puede haber brillantez. Es, por tanto, más profundo. Su cabeza es más lenta por los muchos datos que hospeda y esto significa que hay más reflexión. Tiene un componente más intelectual y de estudio, *una visión más larga de la jugada.*

La afectividad y la inteligencia son los dos bastiones más importantes de la vida. Si sabemos situarlos a los dos dentro del mapa del mundo personal, hemos dado un paso al frente para alcanzar un buen equilibrio psicológico. Uno y otro son los principales protagonistas de la sinfonía de la felicidad.

El *inteligente* puede saber muchas cosas y recrearse en el conocimiento y en todo lo que esto le aporta, pero puede costarle manejar situaciones difíciles. Tiene más formación y cultura que el listo. Aunque entre el *listo* y el *inteligente* hay una gama de expresiones donde nosotros nos situamos y, al mismo tiempo, ubicamos a los demás.

Enumero a continuación algunas de ellas, siguiendo el esquema propuesto por el doctor Rojas para que el lector me pueda seguir más fácilmente.

— *Inteligencia teórica*: capacidad para moverse en el terreno de las ideas y los conceptos. Facilidad para el trabajo abstracto. Busca el rigor del pensamiento. Es el intelectual en el amplio sentido de la palabra.
— *Inteligencia práctica*: es saber resolver problemas. Se mueve mediante esquemas de conducta y tiene una eficacia directa, que casi se dispara como un muelle. Es más imaginativo y maneja más la intuición, pero es más superficial.
— *Inteligencia social*: saber moverse en el campo de las relaciones interpersonales con soltura. Estamos ante el relaciones públicas.
— *Inteligencia analítica*: facilidad para desmenuzar un tema y escudriñarlo, distinguiendo y puntualizando los matices y vertientes que presenta. Es el *inteligente* en el sentido que da título a este capítulo.
— *Inteligencia sintética*: saber resumir las características que se hospedan en un tema. Espíritu sumario, de reducción, sabiendo hacer un extracto esquemático que facilita el trabajo. Tesis, antítesis, síntesis. Es el *listo*.
— *Inteligencia discursiva*: se manifiesta en la facilidad de expresión del lenguaje verbal, que se hace capaz, suficiente, bien trazado y con recursos adecuados para manifestar conceptos. Es la facilidad expositiva y

dialéctica. Es el profesor con garra. Y también el relaciones públicas que sabe manejar el lenguaje apropiado para que la relación entre las personas se haga más fluida.

— *Inteligencia matemática*: saber captar el mundo en lenguaje cuantitativo. Las matemáticas no hacen hombres sabios, pero sí prudentes. Estoy haciendo mi tesis doctoral y todos los datos recogidos sobre una escala de conducta para medir el nivel de felicidad, de diversos pacientes y de un grupo de control, terminarán en las manos del especialista en estadística, con sus datos bien ordenados.
— *Inteligencia creativa*: saber fabricar un mundo nuevo que es expresión de arte. La pintura, la escultura, la novela, el ensayo, la poesía, la música... Tiene muchos matices que se abren en abanico según la cuestión específica de que se trate.
— *Inteligencia fenicia*: es la del hombre de negocios. Siempre asoma aquí la idea de invertir y sacar más beneficio.
— *Inteligencia científica*: es la del investigador, que en su laboratorio hace progresar la ciencia paso a paso. El rigor del método es decisivo. Se suelen volver poco prácticos para el día a día.
— *Inteligencia emocional*: ha sido muy estudiada en los últimos años a raíz de la descripción que hizo de ella Goleman. Capacidad para mezclar corazón y cabeza, sentimientos y razones, ser clásico y romántico a la vez. Está en auge por la epidemia de parejas que se

rompen entre gente que no sabe manejar ambos ingredientes.

— *Inteligencia instrumental*: es decisiva porque está en la base de la persona. Tiene cuatro vertientes: orden, constancia, voluntad y motivación. Estas son las joyas de la corona. El que las ha trabajado tiene mucho terreno andado.
— *Inteligencia para la vida*: consiste en saber gestionar bien la propia trayectoria. En *Luces de bohemia*, de Valle-Inclán, hay un breve diálogo entre Max Estrella y Don Latino de Híspalis. El primero dice: «Yo nunca tuve talento, he vivido siempre de modo absurdo». Y contesta el otro: «No has tenido el talento de saber vivir». Aquí se daría una buena mezcla entre el listo y el inteligente.

¿Qué es lo mejor en la vida, ser listo o ser inteligente? Depende de las circunstancias. Lo evidente es que lo más positivo sería establecer una buena ecuación entre ambas, lo cual no suele ser fácil. ¿Son todas las inteligencias iguales, hay muchos tipos, se llevan bien entre ellas, puede uno tener casi todas las modalidades casi al mismo tiempo? No es fácil responder a estas cuestiones. A lo largo de este libro he tratado de ir respondiendo para aclarar y dejar las cosas lo más nítidas posible dentro de la dificultad de esta excursión que atraviesa valles, quebradas y ríos que adornan geografías imprecisas. La inteligencia es un lugar cuyos límites fronterizos se cuelan unos dentro de otros. La psicología no es una ciencia exacta, sino aproximada.

Eso sí, conviene tomar algunas precauciones. Si el *listo* está muy pagado de sí mismo puede caer en la *vanidad*. Mientras que si el *inteligente* se magnifica a sí mismo puede tender a caer en los brazos de la *soberbia*. El gran maestro es el tiempo y la gran maestra, la experiencia.

capítulo VI

Orden, primer pilar de la inteligencia

El orden es el mejor sedante

El orden es una de las principales joyas de la conducta. Cuando yo empezaba mis estudios en la Facultad de Medicina, gracias al influjo de mis padres y en especial de mi hermano Luis me di cuenta de su enorme importancia. Voy a desmenuzar su contenido.

El *orden* es un valor humano que se refiere a la buena disposición de las cosas entre sí y a saber poner cada una de ellas en el lugar que le corresponde. Hay muchas acepciones, pero aquí me voy a referir a lo que significa como elemento valioso de la persona que sabe cómo organizarse. Posee muchos significados, se abre en muchos planos y nos ofrece un muestrario de posibilidades amplio y diverso. Aquí voy a referirme a la vida ordinaria, al día a día:

Orden en el horario. Esta es la base. Levantarse a la hora adecuada y mantener una regularidad de las actividades programadas. Cuando uno tiene orden el tiempo se multiplica y se llega a más cosas. Una hora fija aproximada de acostarse y otra de levantarse son fundamentales. La disciplina nos hace metódicos, dueños de nosotros mismos. Esta es una piedra inicial del edificio personal que debe anotarse en el día a día. Esta dimensión muy concreta produce unos resultados prácticos inmediatos, además de que centra la vida personal de un modo sereno. Se trata de adquirir lo que yo llamaría *rutinas positivas*, que a medio-largo plazo se van fijando en la conducta. Somos animales de hábitos. Los positivos producen valores, y los negativos, vicios. Este orden ayuda al mejor desarrollo de la jornada. Hace que se distribuyan correctamente las tareas. Cada cosa a su tiempo y un tiempo para cada cosa. Hay que saber aprovechar el tiempo[1]. Esto significa armonía y regularidad, saber distribuir el tiempo, sacarle el máximo partido y así realizar mejor las tareas que uno tiene entre manos.

Del mismo modo hay que *saber descansar*, dejar lo que uno está haciendo y poner la cabeza en otra cosa que relaje, distraiga, divierta. Aprender a descansar es un arte. Trabajar y descansar son dos actividades clave que deben ser gobernadas por la prudencia. Se trata de planificar las ac-

---

1. El tiempo es el bien más democrático que existe. Todos disponemos de veinticuatro horas al día. Unos las aprovechan de forma eficaz, sabiendo trabajar, descansar, dedicar tiempo a la familia y a la cultura... Otros lo pierden de forma extraordinaria. Entre ambas posturas cabe una serie de modalidades diversas. Hay una enfermedad por exceso, hoy frecuente en los profesionales del Derecho y otros campos. La adicción al trabajo es una enfermedad grave y de consecuencias serias en muchos aspectos de la vida personal. Por estos caminos descubre uno *el arte de vivir*, la manera más adecuada de desplegar su existencia, trabajando bien los diferentes segmentos que se dan en la condición humana.

tividades que uno va a hacer, sin obsesiones ni perfeccionismos. Orden sí, pero acompañado de una flexibilidad inteligente. ¡Qué importante es tener una agenda para tomar nota de lo que uno tiene que hacer a corto y medio plazo! Es bueno apuntar las cosas para que no se olviden. Disponer de una lista de encargos o asuntos que uno tiene que ir llevando a cabo evita la dispersión y el olvido. Es una tarea menor a corto plazo, pero de gran relieve a largo.

Se ha hablado siempre de la importancia de crear en la familia un ambiente de orden. Saber priorizar. Cada cosa en su sitio. El buen ejemplo educa más que las mejores palabras.

Orden en la cabeza. Es lo primero. Saber lo que uno quiere, y para eso lo mejor es ser muy concreto, evitar la dispersión o querer abarcar demasiado. Hay que tener bien claras las metas y también saber diseñar el camino para alcanzarlas. Es precisa una jerarquía de valores bien armada.

Orden en la habitación. Entrar la habitación de alguien es hacer un retrato psicológico del que la habita. Puede parecer una cosa sin importancia, pero el buen observador verá cómo están las cosas de esa persona, las que maneja a diario. Cuando hay orden todo desprende paz y serenidad e invita a quedarse. Una habitación que es una leonera, donde el desorden campa por sus respetos y todo es caótico, refleja bien a las claras a la persona que vive en ella. Que cada cosa esté en su sitio y, después de utilizarla, devolverla a su lugar. Según la compañía de consultores Priority Management, de Pittsburgh, una persona media gasta un año de su vida buscando cosas perdidas. Cajones, carpetas, libretas, archivos de ordenador... Todo debería estar bien clasificado. El orden simplifica la vida y produce una tranquilidad casi inmediata: poner, colocar, cada cosa en su sitio; así es fácil encontrarla cuando vayamos a buscarla. Aporta a la vida comodidad, eficacia, simplificación, calma. El orden externo suele ser un buen reflejo del orden interno: hay un vehículo de comunicación entre ambos.

Orden es aprender a tirar lo que ya no sirve. Es impresionante lo que uno puede llegar a guardar si no anda con cuidado. *Ordenar es saber desprenderse de lo que estorba*. Y en la duda, lo mejor es tirar. Qué paz produce sacar un cajón de su sitio, ponerlo encima de una mesa y empezar a mandar cosas inútiles a la papelera. Esto parece una anécdota pequeña, pero no lo es. En mi caso concreto yo sé lo que es estar rodeado de papeles, notas y recortes de artículos, no haber tenido tiempo para clasificarlos y verme inquieto y desbordado. Cuando me pongo a ordenarlos la paz vuelve enseguida y además me doy cuenta de que hay sitio y espacios libres. Pensemos en lo que significa el síndrome de Diógenes[2].

Orden en la cabeza. El que no sabe lo que quiere no puede ser feliz. Y para eso hay que aprender a ser concretos, a no querer tocar demasiadas teclas ni ser salsa de muchos

2. Este trastorno consiste en una acumulación gradual de cosas, que se van coleccionando y que se amontonan de forma terrible, enfermiza. Llega un momento en que esa persona se ve rodeada de objetos y no puede tirarlos ni desprenderse de ellos, pues esta idea le produce una enorme ansiedad. He visto como psiquiatra casos de este tipo, de enorme gravedad. Llega un momento en que desaparece la consciencia de enfermedad y deja de verse la situación como algo anormal o patológico.

guisos. *Aprender a renunciar es sabiduría.* Y al mismo tiempo es esencial *tener una jerarquía de valores bien establecida*: saber lo que es decisivo, lo importante, lo ordinario, lo marginal. *El orden mental es placer de la razón y sedante de la afectividad.* Tener las ideas claras produce una alegría interior que no tiene precio. Orden en la forma de vivir, de trabajar, de pensar, de superar las adversidades. Orden ético, afectivo, en las prioridades...[3] Hay un *orden oculto* por debajo incluso de las apariencias, que toca a cada uno descubrir. Este debe ser entendido también como la relación que guardan las partes respecto del todo, formando así una unidad llena de belleza, desprendiendo un sosiego que envuelve a la persona. Si la batalla del orden está casi ganada, esta llega a nuestro interior y se instala en la cabeza. Voy a poner dos ejemplos clínicos bastante representativos:

Caso clínico: la joven obsesionada con el peso

Se trata de un mujer de veintisiete años, licenciada en Historia del Arte, que está saliendo desde hace dos años con un chico que es abogado. Nos cuenta el motivo por el que viene a nuestra consulta:

«Estoy sufriendo mucho porque estoy muy obsesionada con que estoy gorda. Siempre he sido muy presumida, pero desde hace unos tres años esto no es vida. Me peso todos los días dos veces, por la mañana y por la noche; cuido mu-

---

3. Tener orden en los sentimientos es básico. Saber lo que va primero y lo que va segundo crea una estructura que le da a la vida una firmeza fuerte.

cho lo que como y si voy a una comida con mis amigas, sufro mucho de ver que ellas comen de todo con absoluta espontaneidad y yo elijo y selecciono lo que creo que no me va a hacer engordar. Para mí, una persona gorda es lo peor. Siempre he sido muy perfeccionista en general, pero especialmente con mi físico y mi cuerpo. Nunca vomito. Pero tengo momentos en los que estoy triste o me siento como vacía, y entonces como sin parar de todo lo prohibido. Tengo muchos tipos de cremas y me preocupo mucho de mi imagen: llevar las uñas bien pintadas y tener una apariencia moderna, juvenil».

Nos cuenta que este es su tercer novio: «El primero me duró algo más de dos años y yo diría que fue una relación tonta. Yo era muy cría en ese momento y me gustaba coquetear con otros chicos y darle celos. Ahora me doy cuenta de que eso era muy negativo. Rompimos porque eso no daba más de sí. El segundo fue de los veinte a los veintiséis años. Empezó siendo todo muy bonito, me enamoré perdidamente. Él acababa de terminar Arquitectura y era muy guapo. De hecho eso fue lo que más me atrajo de él... Todas las chicas iban detrás de él. Cuando me pidió salir yo estaba extasiada, no me lo podía creer. El primer año fue de ensueño. Él me llevaba seis años y me dominaba psicológicamente, pero a medida que avanzaba nuestra relación me produjo bastante inseguridad, sobre todo porque yo me daba cuenta de que miraba a otras chicas y que a veces hacía comentarios sobre su tipo. Empecé a preocuparme cada vez más de mi cuerpo, pero habiendo sido yo siempre muy presumida... Vinieron poco a poco etapas difíciles. Primero enfados y más tarde discusiones, días sin hablarnos. De hecho lo dejamos unas cuatro o cinco veces y yo era siempre la que le llamaba para volver. Fue una relación tortuosa, dañina, que me ha dejado muy tocada. En algún momento me dijo que yo ya no le atraía físicamente y que mi forma de ser era rara y difícil. He dejado de practicar mis creencias, las he ido abandonando y he dejado de leer. Solo repaso revistas del corazón, que me entretienen mucho y me relajan».

En las diferentes exploraciones psicológicas realizadas nos encontramos con que esta paciente, además de la *obsesión por no engordar* (con *crisis de bulimia* añadidas), presentaba un claro *trastorno de la personalidad* con tres rasgos muy marcados:

1. *Narcisista* en un grado muy alto.
2. *Límite o borderline*, lo que significa impulsividad, grandes cambios de ánimo, pasar de estar bien o casi eufórica a triste y abatida, todo de un día para otro o dentro del mismo día. Además de sentimientos de vacío, agresividad verbal dura con su familia y con su novio actual. Tendencia al descontrol.
3. *Personalidad obsesiva*: darles muchas vueltas en la cabeza a cosas, hechos o personas, no poder soltar un enfado ni borrar un mal rato de su mente, además de la machacona idea de que está gorda.

En la tercera sesión afirma: «Doctor Rojas, ayúdeme a salir de esto. Quiero ser una persona normal. Yo no puedo vivir así, sufro y hago sufrir... Y este novio que ahora tengo..., me daría mucha pena perderlo».

Hemos seguido con ella una *triple terapia* a base de *farmacoterapia* (medicación para regular las oscilaciones tan marcadas del humor y la ansiedad de fondo), *psicoterapia* (objetivos psicológicos muy concretos: esta parte ha sido clave para ella) y *biblioterapia* (le hemos sugerido algunos libros que le ayuden a conocerse mejor y a saber qué es lo que realmente le pasa).

El problema de esta persona es *un grave desorden en su cabeza*, ya que ha puesto lo estético tan en primerísimo plano que la ha llevado a un sufrimiento psicológico. Le digo, en un momento concreto de la psicoterapia, lo siguiente: «Imagínate que fueras la mujer más guapa de Madrid, con una cara espectacular y un tipazo de ensueño y que la gente por la calle se diera la vuelta para verte. ¿Y qué? Has puesto el acento de tu vida en eso y te has ido volviendo una persona superficial en extremo, *light*, liviana, que solo se fija en lo de fuera. Todo el día subida a la báscula, pero has abandonado el cultivo de tu persona. No puedes ser feliz de esa manera, no es posible, porque interpretas la vida desde un ángulo y olvidas los otros. Por eso tienes un *trastorno de la personalidad*. Lo que se llamaba antes ser una *persona neurótica*: rara, difícil, inestable, siempre quejándose, obsesionada con los kilos y la fachada. Quiero que te dejes ayudar para salir de este túnel tonto y sin sentido. Es más: *te hago una enmienda a la totalidad*, como se dice en el Parlamento: partes de una idea errónea y el camino que has cogido es sufrimiento y malestar».

Estamos hablando de un caso clínico, es cierto, pero su error en la jerarquía de valores es muy poco sano. Tras meses de terapia ha ido mejorando mucho y se ha sabido implicar bien con nosotros, los médicos y psicólogos que la tratamos.

Caso clínico: empresario soltero adicto al trabajo

Hablamos de un hombre de cuarenta y un años, soltero, licenciado en Derecho con varios másters. Viene a la consulta por un problema de *insomnio*: «Necesito ayuda porque desde hace aproximadamente cuatro o cinco meses duermo muy mal. Llevo un ritmo de trabajo de gran intensidad. Puedo decir que trabajo unas catorce horas al día, incluidos los sábados. Vivo solo y cuando llego a casa, después de una jornada agotadora, me acuesto y no puedo conciliar el sueño. Pasan por mí cosas de todo tipo, buenas y malas, problemas profesionales... A veces me levanto y veo un par de horas de televisión hasta que me quedo adormilado. Al día siguiente estoy agotado y de mal humor y no rindo como debiera».

Lo interesante de este caso es que viene con un problema muy concreto, pero no olvidemos que los psicólogos y los psiquiatras intentamos siempre profundizar en la personalidad, el tipo de vida, la afectividad... Y por supuesto hacemos una historia clínica y también biográfica. Es en ese recorrido donde descubrimos a *un adicto al trabajo* de gran nivel... con algo más que comentaré enseguida.

Nos cuenta lo siguiente: «Vivo en Madrid, aunque soy de otra ciudad. Me dedico a varias cosas. Lo más importante de lo que llevo entre manos son negocios de construcción y compra y venta de solares y naves industriales, pero a raíz de la crisis económica me he ido también fuera, especialmente a algunos países del golfo Pérsico, además de a México y Argentina. La verdad es que mi empresa ha crecido mucho en los últimos ocho o nueve años. Viajo mucho, puedo tomar unos doce o quince aviones al mes y la verdad es que estoy desbordado».

Le pregunto qué hace en un día normal. Su respuesta es: «Bueno, todo depende de si estoy en Madrid o fuera. Si estoy aquí, me levanto muy temprano —más ahora con este problema de sueño que tengo— y enseguida me voy al ordenador y a mis dos teléfonos móviles y veo quién se ha comunicado conmigo. Mientras desayuno consulto las cotizaciones de bolsa, sobre todo Düsseldorf, Londres y Nueva York. Me voy a mi oficina a las ocho y media de la mañana y ya no paro hasta que vuelvo a mi casa, tarde, porque casi cada día tengo comidas y cenas fuera. Todas o casi todas por temas de trabajo».

Le pregunto si le gusta lo que hace. Y su respuesta: «Ahora ya ni me lo planteo porque estoy fuera de órbita, rebasado de cosas, papeles, llamadas... Tuve un problema fiscal serio hace unos dos años y lo pasé muy mal. Tuve mucha ansiedad y al final pude resolverlo. Eso me enseñó mucho de cara al futuro. Me gusta lo que hago, desde luego, pero casi no tengo aficiones porque llevo demasiadas cosas para delante. Me he dado cuenta de que debería bajar el nivel de trabajo, pero no sé cómo hacerlo. He entrado en una rueda de la que no veo fácil salir».

Le pregunto si ha tenido alguna novia. Me dice: «Cuando estaba en la universidad tuve una, al final de la carrera, pero duró poco porque enseguida que terminé me fui a estudiar a Londres, entre otras cosas para perfeccionar mi inglés. Luego fui bastante a Estados Unidos. Aquello no duró nada. Luego tuve una novia hace cinco años, una chica encantadora. Era médico y tenía una familia que me gustaba mucho. Yo soy hijo de padres separados y tengo una hermana y un hermano. Con él he roto hace tres años y no tengo ningún tipo de relación. Sí tengo buena relación con mi madre y a mi padre lo suelo ver en Navidades, solo en esa época». Le animo a continuar, preguntándole qué pasó con la segunda relación, la de la médico. Quiero saber por qué lo dejaron. «Fue ella la que me dejó. Todo se fue enfriando porque yo no tenía tiempo para ella. En ese momento mi empresa estaba en auge. Ella me demandaba tiempo y yo no podía atenderla, así que nos fuimos enfriando. Al final fue muy dura y me dijo: "Tú estás enfermo de trabajo y yo no quiero ser la mujer de un hombre que lleva este tipo de vida". La verdad es que fue un final triste, porque además hice muy buenas migas con su familia».

Hablo con él y le hago ver que no tiene tiempo más que para trabajar. Es lo que en inglés se define como *work-alcoholic*, es decir, la *adicción enfermiza al trabajo*. Me contesta: «No estoy de acuerdo, porque yo disfruto viajando y cuando lo hago procuro disfrutar de la gastronomía de los sitios a donde voy. Me gusta también el buen vino y leo mucha prensa. Si el fin de semana estoy en Madrid, procuro levantarme tarde e ir a dar unas bolas al golf, que me gusta mucho. Aunque tampoco tengo mucho tiempo para eso». Le pregunto si ha pensado en la posibilidad de cambiar algo su tipo de vida o incluso si le gusta la vida que lleva. A lo que me contesta: «Ya he mejorado algo del insomnio y este es un primer avance. Lo otro lo tengo más difícil, porque no sé cómo hacerlo. Tengo una vida repleta, con muchas inversiones y mucha gente conmigo. Ahora no puedo dar un cambio. No sé... Quizá más adelante».

Como pasa muchas veces en mi actividad profesional como psiquiatra, alguien viene a la consulta con un problema concreto, en este caso el insomnio, pero es solo la punta del iceberg. Lo que se desvela en este caso es que el paciente no puede tener un proyecto de vida real porque todo, absolutamente todo, lo llena el trabajo[4].

Orden dinámico

Es lo que se llama *ser organizado*, que no es otra cosa que prever, adelantarse, evitar la improvisación. Todo esto frente a lo que yo considero el espectro de *orden estático*, visto

4. Lo he dicho en varias ocasiones a lo largo de este libro: inteligencia es también saber gestionar de forma adecuada el *programa personal de vida*, en donde se deben dar sobre todo cuatro grandes asuntos, trabajados y engarzados de una manera sintónica: *amor, trabajo, cultura y amistad*. En este caso clínico solo hay un tema: trabajo y más trabajo. Es un error serio que ya ha dejado una huella, porque a su edad este paciente ha dejado en la estacada grandes cuestiones que están claramente desatendidas.

con anterioridad. Es *orden y a la vez saber ser flexible*. Esto quiere decir saber aceptar los cambios e imprevistos que surgen y que forman parte de la vida misma, pero que rompen el orden que uno tenía establecido. Entre el desordenado de campeonato y el perfeccionista y maniático del orden hay una gama rica y multiforme. El rígido perfeccionista sufre y se altera cuando las cosas no siguen la secuencia por él establecida. La persona ordenada lleva bien estos hechos y no pierde la calma. *El orden da armonía y equilibrio a la vida*. Es más, me atrevería a decir que *no hay verdadero equilibrio psicológico sin orden*.

No puedo dejar de mencionar de nuevo la enorme importancia de tener un *proyecto de vida*, que va a tener las siguientes características:

1. Se trata de *un programa personal* en donde se van desarrollando los temas centrales de la existencia. Hay que tener claro lo que uno quiere hacer con su vida. Este es *orden dinámico* y, a la vez, *orden mental*. Es dinámico porque necesita ir adaptándose a las circunstancias que se van sucediendo. A lo largo de los años habrá que ir haciendo cambios, retoques, matices en los grandes temas.
2. Debe tener una *coherencia interior*, que existan en él el menor número de contradicciones posibles, ya que eso le dará unidad y una estructura sólida. Debe haber buena relación entre la teoría y la práctica, entre lo que uno piensa y lo que uno hace. Porque uno es lo que hace, no lo que dice. Habla nuestra conducta,

nos delata. No hay que engañarse a uno mismo. La lógica interna de todo lo que uno hace nos lleva hacia delante.

3. Debe ser ese *proyecto atractivo, sugerente, que sea una ilusión con argumento*. La felicidad consiste en ilusión. La dimensión más rica de la felicidad es el futuro, lo que está por llegar, una especie de promesa de vida en donde siempre miramos hacia delante, pero con el aprendizaje del pasado. La felicidad tiene una rama que mira al *presente* y otras que apuntan hacia el *futuro*. Hay por tanto *instalación* por un lado y *expectativa* por otro. *Ser constante es saber mirar a lo lejos, hacia la meta*. La felicidad afecta primariamente al presente y al pasado, pues consiste en una vivencia de síntesis de lo que nos ha pasado o de lo que hemos ido haciendo con nuestra existencia. Pero otras ramas se dirigen hacia el *futuro*, a lo que está por llegar y a lo que irá saliendo de nuestro programa personal. *Uno es feliz cuando está contento con lo que tiene*[5]. Nace la felicidad de estar conforme con lo que uno ha deseado y lo que uno ha conseguido. La claridad de lo que uno quiere facilita la continuidad. Por eso *orden y constancia están muy relacionados entre sí*. Lo veremos enseguida.

---

5. *Estar contento* significa etimológicamente *estar contenido*, estar situado dentro de un mapa en el que uno se siente bien y no quiere más y más. Saber moderar las expectativas es una forma sabia de ser feliz. No querer demasiadas cosas... Por ahí veo yo un buen atajo para disponerse hacia la *felicidad razonable*, pensando en lo rica y compleja que es la existencia humana.

4. Hay que tener preparado el *manual de instrucciones para la reparación del proyecto*, ya que antes o después necesitará revisiones médicas y terapias concretas. Y las necesitará en cada una de sus variables: en lo *afectivo*, con todo lo que eso significa; en lo *profesional*; en lo que es *cultura y conocimiento*, y en la *amistad*, que para que se haga duradera hay que cuidarla y alimentarla.

capítulo

VII La constancia

Constancia es tenacidad sin desaliento

O dicho de otra forma: *constancia es firmeza y perseverancia en los objetivos que uno se ha puesto*. Es uno de los grandes pilares de la personalidad madura. Habiendo tomado una determinación concreta, constancia es no darse por vencido, crecerse ante las dificultades que surjan. Así se edifica un ser humano fuerte, firme, consistente, rocoso, de una pieza.

Todo hábito es continuidad en el esfuerzo: *saber esperar y saber continuar*. Es una forma de valentía contra la fatiga y la renuncia. Dice Unamuno en su *Diario íntimo*: «No darse por vencido, ni aun vencido; no darse por esclavo, ni aun esclavo». La persona constante se ha ido haciendo a base de pequeñas renuncias, ganando batallas menudas hasta llegar a ser hercúleo, de piedra, difícil de derribar. Acabo de leer el libro *La vida oculta de Fidel Castro*, escrito por Juan Reinaldo Sánchez, que fue durante diecisiete años su guardaespaldas. En un momento determinado se dio cuenta del tráfico de drogas gestionado por Castro y su gente. Quiso dimitir de su cargo y fue a la cárcel, en donde recibió el trato habitual que se da en las cárceles cubanas. Al salir de prisión tuvo que reunir diez mil dólares, el dinero necesario para pagar a *la red de pasadores* y escapar de la isla. Su lucha fue titánica, sin desmayo, contra toda esperanza, pero al final consiguió escapar, llegando a México. Fueron años duros, terribles, propios del comunismo más atroz, pero roto y deshecho, Sánchez se creció ante las dificultades[1].

El que es constante consigue ser estable y no se detiene en el *cortoplacismo*, sino que mira hacia la lejanía, por elevación, acostumbrado a vencerse aquí y allí. El orden y la constancia tienen como fruto *inmediato* objetivos concretos, medibles, bien delimitados. El fruto *mediato* es la alegría, que es estar contento, intentando sacar lo mejor que llevamos dentro, venciendo presiones y resistiendo infortunios. De ese modo se va ganando en fortaleza y es uno cada vez más libre.

La vida diaria sigue siendo la gran cuestión. El secreto del éxito de muchas vidas descansa en haber trabajado bien estos dos pilares: bravura intrépida escondida en el reman-

1. Juan Reinaldo Sánchez, *La vida oculta de Fidel Castro*, Península, Barcelona, 2014. Es emocionante leer esta obra, seguir la pista de una peripecia muy dura en la que el lector se queda sin palabras al comprobar cómo se puede sufrir tanto. Después de haber sido durante casi veinte años guardaespaldas de Fidel Castro, en los últimos casi su mano de derecha en materia de seguridad, de forma casual se enteró de que la cúpula cubana estaba implicada en el tráfico de drogas. Su aventura es un ejemplo de perseverancia excepcional.

so de muchos días sencillos y normales, y la grandeza de hacer bien lo ordinario y aguantar los momentos malos. Así todo se desliza hacia *una vida lograda*, que no es otra cosa que *autorrealización*. La inteligencia tiene en la constancia un arbotante decisivo. *Los dos mejores amigos de la inteligencia son el orden y la constancia*. Un binomio inseparable.

La constancia presupone que somos vulnerables, pues hay un sinfín de ocasiones que nos hacen pensar en abandonar lo comenzado. Cuando nos tienta la inconstancia asoman muchos factores a la vez: desánimo, cansancio por los contratiempos, ausencia de resultados cercanos... La imaginación inventa objetivos que parece que se pueden conseguir sin esfuerzo o, lo que es muy frecuente, establece comparaciones con otras vidas más simples y positivas. El que es constante mira hacia delante con la tenacidad de alcanzar la cima deseada y por eso se mantiene firme, inalterable. De ahí la enorme importancia de la motivación, que es la que tira de ese esfuerzo hacia delante. Hay un hilo conductor entre ambas: si la motivación es fuerte, perseverar es más fácil. Se anticipa la meta, al menos en la imaginación del luchador.

Un signo de madurez de la personalidad es la *visión de futuro*. Quien la posee tiene mucho terreno ganado, porque sabe quitarles importancia a las contingencias que van apareciendo. Cuenta con ellas, las relativiza y continúa en su empeño. Va consiguiendo que los avatares negativos no le saquen de la línea emprendida. Vencer adversidades, dificultades, problemas de fuera y de dentro, es la mejor manera de que uno se demuestre a sí mismo que puede, que su atrevimiento tiene sentido y que no abandonar los objetivos le hace a uno cada vez más fuerte. Esas pequeñas victorias, ese crecerse ante los obstáculos, es un gran entrenamiento. Muchas veces buscamos una seguridad o una demostración de que aquello a lo que aspiramos, lo alcanzaremos. La duda, la dificultad, la inseguridad de si se conseguirá o no, son parte de la vida misma. Vuelve aquí la importancia de tener claros los objetivos por los que luchamos[2].

Hay que saber lo que uno quiere

Para entrenar bien la constancia hay que saber lo que queremos. Querer es activar la perseverancia sobre aquello a lo que uno aspira y que se ha fijado como propósito. Por eso la falta de claridad, la dispersión de los objetivos, la falta de exactitud en las pretensiones..., son cosas que no ayudan. Quiero traer a colación algunos ejemplos de personajes de la vida real que a mí me han servido de antorchas, de luces potentes para seguir en la dirección correcta. Voy a exponerlos por orden histórico. Cada uno de ellos nos enseña cómo vivir la constancia desde ámbitos y circuns-

---

2. Recordemos un detalle semántico importante: las *metas* son demasiado amplias y generales. Los *objetivos* son medibles. «Quiero mejorar en cultura» es una *meta* interesante pero vaga; el *objetivo* consiste en perseverar en la lectura y conseguir leer cuatro o cinco libros al mes.

tancias muy diversas. Se trata de Tomás Moro, Walter Ciszek, Gallia Moss y José Salvador Alvarenga. Estoy hablando de auténticas «estrellas»: está claro que son excepciones, pero son reales, existieron como nosotros y nos enseñan lecciones de cómo afrontar adversidades extraordinarias en las que cualquier persona normal se habría hundido.

El caso de Tomás Moro

Tomás Moro (1478-1535) fue *lord* canciller de Inglaterra y amigo del rey Enrique VIII —dentro de la amistad que se puede llegar a tener con la cabeza de una casa real—. Ninguna otra persona en la historia de Inglaterra de aquella época cuenta con tanta bibliografía, salvo quizá el cardenal Wolsey (que murió cinco años antes que él), alguno de los Tudor y el mismo Enrique VIII. Ya a los pocos años de su muerte se publicaron muchos libros sobre su persona y la categoría de su trayectoria biográfica[3]. Al principio el rey sentía un gran placer conversando con Moro y le buscaba e incluso iba a su casa alguna vez. Entonces surgió el

---

3. La primera y más sugerente fue la realizada por William Roper, un celoso protestante que se casó con Margaret, la hija mayor de Tomás Moro y por la que su padre tenía un amor excepcional. Roper era un admirador de su suegro y vivió dieciséis años en su casa. Pudo observar de cerca cómo era en la intimidad del hogar y en el trato diario. Roper destaca que la voluntad y la constancia fueron dos rasgos muy marcados de la personalidad de Moro, siempre creciéndose ante las dificultades y defendiendo sus principios por encima de todo. Tomás Moro fue ante todo un humanista de dimensiones universales. Otras obras sobre él son las de Nicholas Harpsfield, Thomas Stapleton (muy cuidadosa en los detalles) o William Rastell (de la que solo se conservan algunos fragmentos).

tema del matrimonio del rey. Este quería una dispensa para anularlo e inventó un sistema basado en algunos textos de la Biblia. Prácticamente todas las personas que tenían poder aceptaron la argucia real, y fueron muy pocos los que le dijeron que no[4]. Tomás Moro, que estuvo en la primerísima línea de la oposición al rey, sufrió las consecuencias, máxime si tenemos en cuenta que el rey sentía por él gran admiración, por su coherencia de vida, su gran formación y porque había publicado obras de gran resonancia.

No debemos olvidar que en ese tiempo no había democracia. La primera que aparece en Europa es tras la Revolución británica de 1648 y la segunda tras la Revolución francesa de 1789. Esto quiere decir que oponerse al rey era jugarse la vida. Moro lo hizo de forma fina, aguda, pues fue de enorme prudencia al hablar. Sin embargo, se negó a firmar el documento que le presentaron. Dijo simplemente *que no*, que iba contra su conciencia moral. Las presiones que tuvo que sufrir por parte de los poderosos de su tiempo e incluso de su segunda mujer fueron enormes. Pero no se rindió.

Constancia es perseverar en lo comenzado, no rendirse ante las adversidades, mantenerse uno firme y sin ceder en sus objetivos y principios. Ahora vemos la posición de Moro como un acto lleno de entereza, defendiendo sus creen-

---

4. Uno de ellos fue el obispo de Rochester, John Fisher, que acabó en la cárcel de Londres y fue ejecutado dos semanas antes que Moro. Viene a mi cabeza la frase latina *Corruptio optima pesima*, «la corrupción de los buenos es la peor».

cias frente a un documento lleno de matices y resbaladizo. Dijo *que no* y le costó la vida. El rey admiraba a Moro y quería que comprendiera sus razones. Al no conseguirlo, ordenó que le cortaran la cabeza[5].

El ejemplo de Tomás Moro nos sirve como manual para actuar en momentos de extrema dificultad, poniendo la constancia en el centro del tablero de ajedrez de la vida.

El caso de Walter Ciszek

Ahora paso a hablar de un personaje poco conocido, Walter Ciszek (1904-1984). He tenido la oportunidad de leer su libro *Caminando por valles oscuros* (Ediciones Palabra, Madrid, 2015), donde relata su estancia en un gulag de Siberia. Ciszek fue un sacerdote estadounidense de origen polaco. Miembro de la Compañía de Jesús desde 1928, pidió ir como misionero a Polonia. Cuando estalló la II Guerra Mundial en septiembre de 1939, los alemanes tomaron Varsovia mientras el Ejército Rojo de la URSS invadía la parte oriental de Polonia, donde Ciszek desarrollaba su labor como sacerdote de rito bizantino. Haciéndose pasar por un trabajador más, marchó a Rusia para trabajar en una empresa maderera ocultando su condición de sacer-

5. Hay una anécdota que no quiero dejar de contar a los lectores. Cuando Tomás Moro subía al cadalso, le dijo al verdugo: «Ánimo, no tengas miedo de hacer bien tu oficio, que para eso te pagan». Hay que tener un autodominio excepcional para decir algo así en ese momento. En su libro *Un hombre solo: cartas desde la cárcel* (Rialp, Madrid, 1988, traducción de Álvaro de Silva) cita muchos textos clásicos, siempre en latín, pero lo que más llama la atención es que se siente feliz. Así de claro.

dote. Allí siguió ejerciendo su labor misionera en la clandestinidad.

Sin embargo, en 1941 fue descubierto, por lo que fue encarcelado en la prisión de Lubianka, dirigida por la KGB, acusado de ser «espía del Vaticano». Pasó allí cinco años... No obstante, quizá sea mejor transcribir literalmente algunas de sus palabras, que a mí me han impresionado profundamente: «Bajo esa acusación [espía del Vaticano] me trasladaron desde la cárcel del distrito de Perm a Moscú, a la famosa y atroz Lubianka. Allí se aniquilaba al hombre física y espiritualmente. Durante los años del terror estalinista previos a la guerra, a los camaradas más prominentes se les llevaba allí, donde volvían a emerger los célebres simulacros de juicio [...] Viajé en tren desde Perm, yo solo y bajo vigilancia [...] Las celdas eran pequeñas, con paredes blancas e iluminadas por una bombilla desnuda que colgaba del techo; la puerta de hierro, con una mirilla redonda para que el guardia vigilara a través de ella; en una esquina una cama de hierro con sábanas y una manta, y un balde con tapa; habitación de dos metros por tres [...] Los días parecían alargarse interminablemente, hora tras hora, sin otra variación que la del guardia cuando iba a servir la comida [...] Un hambre constante, acuciante [...] Una hora puede parecer una eternidad; con el paso de los días el tiempo deja de tener significado. Los días transcurrían en una interminable sucesión [...] y luego estaba el silencio. Bien para intensificar la fúnebre quietud de Lubianka, los guardias llevaban un calzado de tela especial, de modo que no se les oía moverse en el pasillo hasta que estaban prácticamente al lado de tu puerta [...] Un silencio sepulcral, terrorífico. Pasé allí cinco años [...] La necesidad psíquica de hablar con alguien [...] pero era imposible. Nos sometían a sesiones de interrogatorios imprevistas y poco frecuentes [...] A veces a diario, para luego cesar durante meses [...] mientras los días, las horas y los minutos de silencio y de solitaria rutina transcurrían interminables. Las sesiones de los interrogatorios podían durar unas pocas horas o prolongarse durante veinticuatro o incluso cuarenta y ocho horas, mientras el preso no dormía, ni descansaba, ni comía [...] Recordaba las celdas de Perm, abarrotadas, pero por lo menos tenías alguien con quien hablar[6]. La mente humana no descansa, está siempre en funcionamiento, todas las horas del día pensando en algo, recordando algo, soñando con algo o temiendo algún acontecimiento futuro con miedo y una angustia reales».

En ese tedio infinito, solo cortado por los interrogatorios, decidió organizar su tiempo y dividir los días. Se impuso un orden y una constancia, en esa soledad absoluta, tratando de rezar, recordando oraciones pasadas, sin un libro ni nada con lo que escribir. Solo en una habitación con-

---

6. Hoy sabemos todo esto con detalle gracias a Aleksandr Solzhenitsyn, quien describió las cárceles soviéticas en su *Archipiélago Gulag*. En otras cárceles comunistas las cosas eran más o menos parecidas, como han contado Gutiérrez Menoyo o Svetlana Aleksiévich. En sus libros se describen situaciones parecidas, en donde la finura psicológica comunista se dirige hacia la destrucción física y psicológica de la persona. Pero no de golpe, sino de forma gradual, hasta acercarla a la pérdida de la razón. Hoy se sabe que en esas circunstancias es fácil sufrir alucinaciones auditivas (la sonorización del propio pensamiento), manifestaciones paranoides o una ansiedad extraordinaria.

sigo mismo. Oyendo el silencio angustioso y a la espera del siguiente interrogatorio, de horas atroces de preguntas y más preguntas, siempre sobre lo mismo. Nos dice: «Debilitado por el hambre, agotado y dolorido después de largas horas de interrogatorios, distraído por dudas y por los recientes temores de futuro, invadido por la angustia, la marginación y la soledad constantes». Llegó a firmar unos documentos declarando que era realmente un espía. También llegó a preferir la muerte e incluso asomó a su cabeza alguna vez la idea de suicidarse. Pasó por un calidoscopio de emociones psicológicas durante esos cinco años eternos y demoledores.

Pero eso no fue todo. Después vinieron varios años más de trabajos forzados en Siberia, en un gulag a treinta grados bajo cero, medio muerto de hambre: «Salí de Lubianka para emprender un largo viaje desde Moscú a Siberia. Encerrados como cabezas de ganado en trenes abarrotados de presos, durante un trayecto agotador que no parecía tener fin, recogidos como animales en rudimentarios campamentos de tránsito [...] Pero el mero hecho de poder estar de nuevo con gente era una delicia». Allí es donde fue creciendo su espiritualidad, ayudando a otros presos cristianos y católicos de Polonia, Lituania o Estonia, y volcado con la gente en unas condiciones de vida realmente miserables. Lo que impresiona de Ciszek es su entereza. No es constancia, es algo que va más allá. Leyendo su libro y subrayando muchos de sus pasajes, no daba crédito a lo que se puede llegar a hacer a un ser humano para acabar con él.

La constancia es uno de los valores más importantes de la persona. Es la resistencia frente a la adversidad, mirando hacia la meta, el lugar a donde uno quiere llegar a pesar de todo. En 1963 fue intercambiado por dos espías rusos y pudo volver a Estados Unidos. Lo que no sabía es que en 1947 le habían dado por muerto y hasta ofrecieron responsos por él. Llegó al aeropuerto de Idlewild, en Nueva York, un luminoso 12 de octubre de 1963, dejando asombrados a los familiares y conocidos que fueron a esperarle. Él solo tenía palabras de agradecimiento a Dios. Repetía: «¡Gracias, Dios mío, por tanto!».

¿Qué podemos aprender de este hombre sencillamente excepcional? Yo diría que antes que nada, la *fe*. Una fe que se corta, que se ve, que se objetiva en su persona y que nos sirve de ejemplo y modelo. En segundo lugar, su *capacidad de entrega* en medio de unas condiciones de vida presididas por la indefensión, la impotencia, el miedo, el terror, un servilismo inhumano... Todo era degradante y se vivía bajo la amenaza de recibir un disparo en cualquier momento si los guardias de vigilancia lo veían necesario. Casi todos los detenidos lo habían sido injustamente, acusados de hechos que jamás habían cometido. Un sistema soviético atroz basado en el terror, las torturas, un hambre lacerante y los interrogatorios implacables, meticulosos, hechos por torturadores profesionales que conocían muy bien su oficio. Y en tercer lugar (o primero), *una espiritualidad cristiana* increíble.

El hombre, en esos gulags, se siente hundido en el absoluto fracaso de una vida sórdida en donde se descubre la presencia del mal no como una idea abstracta, sino como una realidad espantosa, brutal e implacable[7]. Bajo esas condiciones Ciszek desarrolló una labor humana y espiritual sin precedentes. La combinación de *fe, capacidad de entrega y espiritualidad* forma un conjunto de enormes proporciones. Y su articulación es la *constancia*, la perseverancia en las ideas y creencias, contra toda esperanza. Ciszek fue un ejemplo excepcional, sin parangón, de *orden, constancia, voluntad y motivación*. Pero por debajo de estas cuatro herramientas subyace *una espiritualidad sólida*, gra-

---

7. Los campos de concentración no fueron un invento nazi. La Revolución rusa supuso la creación de los gulags, los terribles *campos de trabajos forzados soviéticos*, que impusieron el terror desde 1917 hasta la caída del Muro de Berlín en 1989. Algunos se prolongaron hasta 1991. No puedo dejar de contar que el Gobierno ruso había decretado la industrialización de Siberia para sacarle el máximo partido. En aquellos años los gulags representaron más del 30 por ciento de la economía de la URSS. Se construyeron vías para los trenes, pequeñas ciudades madereras, fábricas... Allí, los presos eran mano de obra gratis, tratados como animales. Al principio estaban destinados a los enemigos de la Revolución, los aristócratas, los terratenientes... Luego los campesinos y más tarde los oficiales acusados de corrupción. Finalmente cualquier mínimo sospechoso aterrizaba allí y permanecía años encerrado. Robert Conquest asegura que fueron unos 14 millones de personas las víctimas del sistema de represión soviético. Anne Applebaum, en su libro *Gulag: a History*, revela que el número de presos en los gulags entre 1929 y 1953 fue de 18 millones, junto a otros 7 millones más que fueron deportados. Es cierto que una gran mayoría de ellos no fueron exterminados, pero vivieron muchos años bajo malos tratos sistemáticos y penosísimas condiciones de vida (hambre indescriptible, temperaturas bajísimas...). Hannah Arendt dice textualmente que «los campos soviéticos eran un purgatorio; los nazis, un infierno». El 90 por ciento de los presos de los gulags sobrevivieron, pero en torno al 50 por ciento de los internados en los campos nazis murieron. Hoy la información sobre los gulags es muy amplia, a pesar de que se han hecho pocas películas sobre el tema, ya que buena parte de la *gauche divine* europea simpatizó durante mucho tiempo con el comunismo y no quiso repasar esa parte de la Historia, junto al error de haber confiado en el sistema comunista durante años.

nítica, de una estructura sin la menor fisura, a pesar de las mil y una privaciones por las que tuvo que pasar.

Es muy difícil entender cómo los seres humanos podemos llegar a fabricar una maldad en serie tan despiadada e imponer tan brutales pruebas, quitándole a la vida todo su sentido.

El caso de Gallia Moss

La conocí en un Congreso Internacional de Psicología en Chihuahua (México) en 2015. Había oído hablar de ella por la prensa, pero su testimonio fue para mí inolvidable. Lo grabé en mi mente mientras mi retina miraba las escenas que ella misma grabó sobre su aventura: Gallia había cruzado en solitario el océano Atlántico en cuarenta y cinco días, desde Vigo hasta el estado mexicano de Quintana Roo. Nos confesó que su principal modelo de identidad era Nadia Comaneci, la mejor gimnasta de su tiempo, una mujer que luchó contra todos los inconvenientes que se presentaron en su vida, consiguiendo llegar a la meta que se había propuesto.

Nos contó Gallia que con veinticuatro años se subió por primera vez en un velero y que su experiencia fue fantástica. Ver cómo dejaba el puerto y que las telas de la embarcación la empujaran mar adentro... Dedicó siete años de preparación para llevar a cabo su sueño. Sabiendo con lo que se iba a encontrar en una aventura que quería hacer sola, aprendió a dormir en lapsos de veinte minutos. Por otra parte, durante varios años se dedicó a buscar un patrocinador, pero no fue fácil, y eso la desanimó mucho. Sin embargo, no se dio por vencida: llamó a muchas puertas y al final consiguió no uno, sino catorce. Cada uno colaboró en lo que pudo. Hablamos de abril de 2006. Su objetivo era dedicar los beneficios de su aventura a ayudar a niños pobres mexicanos sin hogar.

Una vez en el océano, quedó un equipo en tierra pendiente de su travesía, pero ella estaba sola en medio de las aguas. Se repetía, después de haber recorrido los primeros cuarenta y dos kilómetros: «Se puede». «Es un estado mental [...] porque a medida que avanzas día y noche, hay un momento en que tu cabeza te dice: "Ya no puedo más, hasta aquí hemos llegado". Mi hermana, con la que tengo una excelente relación, me decía dentro de mi cabeza, me gritaba: "Cambia el *switch*, que puedes". Yo le hablaba al motor y le decía al viento: "Ven". Sabía que cada ocho millas que recorriera representaban un hogar más para un niño pobre mexicano» (el acuerdo era que por cada ocho millas náuticas recorridas, recibiría una donación para construir un hogar: en total su aventura permitió construir 644 viviendas para niños pobres).

Nos enseñó un vídeo en el que aparecía atada a la embarcación mientras las olas le saltaban por encima, con el velero casi zozobrando. Pero ella permanecía firme y fuerte. Nos dijo: «Era mirar de cara a la felicidad, porque mi objetivo era alcanzar ese sueño, no derrumbarme ante las adversidades, porque el mar es muy traicionero y te la juega cuando menos lo esperas. Era el triunfo de la constancia. Yo sabía que llegaría a Quintana Roo y así fue. Este reto marcó mi vida. Era un sueño, una ilusión. Lo que viví fue inolvidable». Yo pude ver las imágenes y eran impresionantes: mientras Gallia se agarraba a unas cuerdas frente a los embates del mar, con la embarcación saltando, ella solo pensaba en conseguir su ilusión, como fuera, dejándose la piel y la voluntad en la empresa.

«Aprendí mucho de las tormentas. Yo las había estudiado. Sabía que cada tormenta tiene su orden y sigue una cierta dinámica. Hay que encontrar su ritmo y su parte positiva. Tiene tres partes: viento, fuerte huracanada y calma. Hay que saber afrontarlas. Yo terminé preguntándome: "¿A qué puerto quieres llegar?". Porque si te lo propones seriamente, lo consigues: decisión, enfoque y puesta en marcha».

Su velero se llamaba *El más mejor II*. Fue construido en un astillero francés. Con una eslora de diez metros y medio y una manga de cuatro, este pequeño barco le sirvió para cubrir un trayecto de más de 5.000 millas náuticas (unos 9.000 kilómetros). Su viaje iniciado en Vigo terminó en el Parque Nacional de Xcaret. Fue un espectáculo oírla contar lo que vivió y la fuerza mental que tuvo que desarrollar en los muchos momentos de desaliento, cuando se veía a la deriva. Me llamó la atención su capacidad para hacer frente a los pensamientos intrusos negativos que invadían su cabeza. Gallia es un buen ejemplo para fortalecer la constancia.

El caso de José Salvador Alvarenga

Quiero traer a colación un último caso ejemplar de constancia, aunque con muchos matices. José Salvador Alvarenga es un pescador salvadoreño que recorrió más de 10.000 kilómetros a la deriva sobre una auténtica cáscara de nuez. Se hizo a la mar el 17 de noviembre de 2012 en Costa Azul, un pueblo de pescadores mexicano. Le acompañaba Ezequiel Córdoba, que murió de hambre durante la accidentada travesía, tras perderse ambos en el océano. José Salvador pudo sobrevivir bebiendo sangre de tortuga y sus propios orines. Cuando fue encontrado, al cabo de varios meses, padecía diversos trastornos fruto de la dura experiencia.

Su historia nos la cuenta él mismo[8]: «Fueron días, semanas, meses terribles. Ni gota de agua, sol ardiente que te quema, tiburones y soledad total. Son demasiados recuerdos [...] Ver cómo mi amigo murió, que era un marinero sin experiencia, pero que sabía mucho de pesca [...] El día antes de partir había conseguido pescado por más de seiscientos kilos y de ese modo conseguimos mucho dinero. Pero justo el día que salimos se destapó la tormenta del siglo, que vino de improviso, nadie lo había anunciado. Nuestra embarcación la llamamos *Titanic*. Tenía ocho metros de eslora, era de fibra de vidrio, sin cabina y sin techo y con un total de 250 litros de combustible, 60 litros de agua, 50 kilos de sardinas para cebo y cientos de anzuelos. Llevábamos una radio, pero con la batería a medias, y un GPS, pero que no era impermeable. No cogí ancla porque pensé que no la

8. El relato ha sido tomado de dos fuentes: el periodista Jan Christoph Wiechmann y Jonathan Franklin, colaborador del diario *The Guardian*, que acaba de publicar un libro titulado *438 Days* (Atria, Londres, 2016). No hay, todavía, edición española.

íbamos a necesitar en alta mar, y llevábamos un solo chaleco salvavidas. En quince años de experiencia por el mar nunca me había pasado nada y siempre he tenido una gran seguridad en mí mismo».

Y continúa su relato: «Salimos al mar en dirección al golfo de Tehuantepec, hasta situarnos a noventa kilómetros de la costa, con unos vientos muy fuertes de ochenta kilómetros por hora y una lluvia débil. Las olas alcanzaron enseguida los tres metros y nuestro bote era un juguete en medio de la tormenta. Mi amigo Ezequiel se mareó y empezó a vomitar. Decidí que teníamos que volver. Era la tormenta más fuerte que había visto en mi vida, y yo he visto muchas. Tenía esperanzas, pilotaba con cuidado y cabalgaba sobre las olas como un surfista con su tabla [...] Era imposible tener más adrenalina en la sangre».

Uno se mete en la escena que nos cuenta y aparecen miedos de todos los colores. Vemos la muerte rondando por todas partes. Sigue José Salvador hablando: «Entraba mucha agua en el bote y la achicaba sin parar, pero mi amigo seguía vomitando, aunque cuando dejaba de hacerlo, también achicaba. Luego se cayó por la borda. Pudo agarrarse y le subí al bote cogiéndolo del pelo. Luego empezamos a ver montañas. Estaríamos a unos veinticinco kilómetros de la costa y de repente el motor empezó a toser. Traqueteaba cuando vi que teníamos la costa al alcance de la mano. Llamé por radio a mi jefe, Willy, y le grité: "El motor se ha averiado". Me pidió mis coordenadas. Le dije que el GPS no funcionaba. Me dijo que echara el ancla y le respondí: "No llevo ancla". Todo mal. Willy nos dijo a mi regreso que estuvo catorce días buscándonos. Lo cierto es que nos hemos salvado los dos la vida en el mar unas cuantas veces. Y también hemos perdido hombres. Hemos estado de fiesta y cantando y tomando tequila y nos hemos divertido mucho y hay entre nosotros una gran unión de siempre».

Luego afirma lo siguiente: «Para mí el mar lo significa todo. "Todo" es todo. Amor. Me ha dado de comer. Adrenalina. Era mi adversario y mi compañero. Y siguiendo con lo que estaba contando, nos quedamos sin motor y a merced del mar [...] Las olas nos levantaban, altas como un edificio de tres pisos, y luego nos dejaban caer. Y me dije: "Esto no lo aguantamos mucho tiempo porque pesamos bastante". Entonces se me ocurrió la idea de tirar los 500 kilos de pescado y los 200 litros de gasolina. Preparé un cabo con 50 boyas y lo lancé al agua para ganar estabilidad. Eso nos salvó. Tiré la radio por la borda».

Aquello fue solo el primer día: «La tormenta duró cinco días. Conseguimos achicar el agua justa para no hundirnos. Ezequiel estaba muy mareado y gritaba sin parar: "¡Déjanos morir!". Y yo le respondía: "No. Aguantaremos, podemos con esto, ya lo verás". Yo no sabía dónde estábamos. No hay panorama peor: en medio de la tormenta, oscuridad total, perdidos en el océano. Estábamos empapados, muertos de frío y con sueño [...] Mi amigo consiguió quedarse medio dormido en la caja de pescado [...] Tras cinco días de tormenta todo se calmó de repente, parecía cosa de magia. Calma total. Seguíamos con vida».

Prosigue: «Después vino un cielo raso, un sol abrasador y una enorme sed. Y mi primer pensamiento fue: "Vamos a morir de sed". Teníamos la garganta completamente seca y el esófago hinchado. Bebimos la poca agua que nos quedaba y empezamos a bebernos nuestra orina, pero pronto nos dimos cuenta de que en nuestra orina hay muchas sales y eso aumentaba la necesidad de beber. Pescamos algunas tortugas. Nos quedaban algunas cebollas [...] Íbamos viviendo de las tortugas y las medusas. Al cabo de unos días notamos unas gotas de agua en la cara y vimos cómo empezaba a chispear, luego a llover, y bailábamos de alegría. Recogimos el agua en una lona de plástico y luego la pasamos a cubos y a botellas [...] que nos encontramos en el mar. No hay que olvidar que el mar es un vertedero. Todo lo ves flotando en día de calma. Nos encontramos también con grasa de cocinar y nos la zampamos sin más, y leche estropeada. Debía de ser de yogures».

¿Cómo era estar solo en un bote con su compañero Ezequiel Córdoba, noche y día? «Nos hicimos hermanos. Hablábamos de nuestras vidas. Los dos hemos sido malos hijos por muchas razones. Yo era además un mal padre. Nunca me ocupé de mi hija Fátima. Hicimos una promesa en medio del mar, rodeados de agua por todas partes: si sobrevivíamos, intentaríamos ser mejores personas. Pero Córdoba estaba cada vez más débil: comía poco. Yo cazaba pájaros y me los comía crudos, pero él se negaba. Tenía que cortar la carne en trocitos, la ponía sobre el metal del motor recalentado por el sol y así sí se los comía. Pero la comida era insuficiente: Mi amigo llamaba a su madre a gritos y decía: "Me van a comer los tiburones". Los veíamos a nuestro alrededor [...] había montones de ellos. Notaban que su presa estaba en el bote y trataban de cogerla. Mi amigo iba cada vez a peor, la debilidad le impedía incluso levantar la botella de agua para beber. Hicimos un trato: el que sobreviviera visitaría a la madre del otro [...] Al cabo de unos meses me dijo: "¡Me muero, agua, agua!". Y todo se acabó. Yo grité: "No me dejes solo, tienes que vivir"».

Pregunta el periodista Wiechmann: «¿Qué hizo con el cuerpo?». Y la respuesta: «Hablaba con él. Le decía: "¿Cómo estás hoy, cómo es la muerte?". Yo estaba solo, me pasaba horas llorando. Simplemente me imaginaba que Córdoba seguía vivo. El sol secó el cadáver, incluso lo abrasaba. Luego, a los seis días, por fin me dije: "¿Pero qué estás haciendo?". Así que le quité la ropa y lancé el cuerpo al agua. Luego me quedé inconsciente».

El periodista sigue preguntando: «¿Por qué sobrevivió?». La respuesta: «Por la voluntad[9]. Eso me salvó. Por la experiencia. Pero me sentía culpable. Me había llevado a mi amigo conmigo. Pasé días enteros sin comer nada. El hambre me anulaba el entendimiento. Quise cortarme los dedos con el machete y comérmelos, pero me daba miedo desangrarme. Pero la voluntad seguía ahí».

«Cómo se las ingenió para sobrevivir», le preguntan. La respuesta es esta: «Me comía las uñas de las manos y de los

9. Vuelve aquí la pieza clave de la inteligencia auxiliar: la voluntad. Las condiciones de José Salvador eran no terribles, sino lo siguiente, y en medio de la nada del mar y la posibilidad de ser comido por los tiburones o perder la razón o morir de sed aleteaba en el fondo de su persona la voluntad. Aquí y ahora, voluntad es también constancia. Por eso traigo a esta parte del libro este testimonio estremecedor.

pies. Me cortaba los pelos de la barba, los mojaba con agua de mar y me los tragaba. También machacaba las raspas del pescado hasta hacer una harina y las mezclaba con agua. Esa era mi papilla. Además casi siempre tenía peces. Los pescaba con las manos. Yo sabía que los tiburones pequeños son presas relativamente fáciles de coger. Los agarras del lomo y los lanzas contra el bote. También se acumulaban moluscos en el casco. Y cosas curiosas: una vez me crucé con una ballena muerta flotando, que fue todo un festín. Atraía a muchos animales y pájaros».

«¿Cómo se cazan los pájaros?», pregunta el periodista. «Les gustaba posarse sobre mi nevera. Necesitaban descansar por un rato, de tanto volar por el Pacífico. Yo me quedaba sentado, muy quieto. Luego me abalanzaba y los agarraba de las patas. El hambre te vuelve más inteligente. Pero se defendían, me daban picotazos y me clavaban las uñas. Era el instinto de conservación. Lo peor era la soledad. Eso fue lo más duro y difícil. Hablaba solo. Rezaba muchas veces al día, le pedía a Dios que no me abandonara. Me busqué un amigo, Pancho, un pato marino, y hablaba con él. "Qué día más bueno hace hoy, ¿verdad, Pancho?". Y lo tenía a mi lado en la barca. En uno de los días que tuve un ataque de hambre, lo maté. Luego lloré mucho».

«¿Y no vio ningún barco en todo ese tiempo?». Responde: «Oh, sí, unos cuantos. Sobre todo grandes portacontenedores. Ataba mi camiseta a un madero e intentaba prenderle fuego para llamar la atención con el humo. Una vez pasó uno justo a mi lado. No me lo podía creer y pensé que era mi salvación. Hice señas con los brazos, grité, salté sobre mi barca... Pasó pegado a mí, pero no había nadie en cubierta, porque esos monstruos navegan con un piloto automático. Fue terrible la experiencia de tener tan cerca el poder salvarme. Yo me iba volviendo loco lentamente, poco a poco. Llevaba así diez fases lunares, unos trescientos días. Por mi cabeza pasaban todo tipo de ideas, hechos, recuerdos. Pensé en el suicidio. Estaba deprimido, me sentía absolutamente solo. Recordaba la frase de mi madre: los suicidas no van al cielo. Yo nunca fui muy creyente, pero encontré la fe a través de mi amigo Córdoba. Siempre, por la noche, rezábamos juntos. Y le hice una promesa: si sobrevivía, me convertiría en un hombre diferente.

»Un día vi unos troncos flotando y ramas. Debía de haber tierra cerca. Divisé una isla. Una isla con palmeras. Sin personas y sin casas. Salté por la borda y braceé. Las olas me llevaron a tierra y me arrastré por la isla. Pensé: "Ahora te va a tocar esperar a que pase algún barco". Entonces vi algo rojo. Pensé que era una camisa. Luego creí que era una casa. Entonces vi a una mujer y agité los brazos. Era Emi, y luego vino su marido, Russell. Eran indígenas. Me dieron de comer. Luego me llevaron a un hospital en su lancha. Estaba en el islote de Tile, una de las diez mil diminutas islas que forman las Marshall. El diagnóstico que me dieron era de anemia. Tenía el hígado lleno de parásitos por haber comido pájaros crudos. Pero estaba cuerdo y vivo. No me lo podía creer».

«¿Cómo está ahora de salud?», le pregunta el periodista Wiechmann. Dice: «Físicamente bien. Solo tengo un trastorno hepático. Pero por la noche me despierto y sueño que estoy en el mar. He visitado a la madre de mi amigo Córdoba. Estuve dos horas con ella. Ella me creyó cuando le dije que no había matado a su hijo. Ahora quiero recuperar una vida sencilla: una casita, una familia y ser bueno y tener un pequeño negocio. Lo que no quiero es volver a salir al mar».

De todo este excepcional relato sacamos la conclusión del poder de la mente humana, de la fortaleza interior que tiene una persona que es capaz de ser constante en sus objetivos y no darse por vencida a pesar de adversidades sin cuento como las que pasó este hombre, perdido por el Pacífico, con una voluntad firme a pesar de que la desesperanza rodó tantas veces por su cabeza.

capítulo

VIII La voluntad

Voluntad es anunciar y renunciar

Llegamos en nuestro recorrido al punto álgido de la *inteligencia auxiliar*, al componente estrella: la *voluntad*. ¿Cómo podemos definirla, en qué consiste, cuáles son sus puntos principales, cuál es el mejor modo de irla adquiriendo? Voy a tratar de responder a todas y cada una de estas cuestiones. En una palabra, adentrarme en la riqueza y frondosidad de su significado. Etimológicamente procede del latín *voluntas, -atis*, que significa *querer*. El origen de este término se remonta al siglo X y en el siglo XV aparece la expresión *voluntario*. La acepción proviene del latín escolástico: *volitio*, «volitivo». La palabra *querer* aparece igualmente a principios del siglo X: buscar, pedir, inquirir.

Voluntad es la capacidad para querer algo y poner todos los medios necesarios para alcanzarlo. También *es aquella facultad que nos inclina a buscar algo que descubrimos como valioso y que de entrada se muestra arduo y difícil*. Por tanto, *voluntad es determinación, querer, afán decidido, propósito firme, intención de conseguir algo, determinación perseverante.* Son muchas las variaciones en torno a esta palabra tan rica de contenidos. *Es la facultad para gobernar nuestra conducta de forma libre y consciente.* En resumen, *resolución hecha con claridad y firmeza.* Siguiendo esta descripción etimológica, *voluntad* implica tres cosas: *potencia* de querer, el *acto mismo* de ese querer y *lo pretendido* o aquello que es querido.

La voluntad es la facultad para gobernar nuestros actos de forma libre y consciente. De ese modo se admite o se rechaza algo. Voluntad es determinación, disposición para hacer algo, intención para llevar a cabo una acción, resolución. Es una inclinación que parte de la inteligencia (la razón) o de los sentimientos (la afectividad) o de ambos a la vez. Los estoicos la definían como «apetencia racional». Kant lo dice así: «Facultad de obrar según la representación de reglas». El acto de la voluntad es bifronte: anunciar y renunciar. Cuando selecciono entre una cierta gama de posibilidades digo a algo que *sí* y a otra serie de opciones que *no.* Después viene la educación de la voluntad, que está compuesta de pequeños vencimientos. *Es capacidad para proponerse uno hacer algo anticipadamente.* Es una disposición interior[1] que nos va llevando detrás de aquello que

1. La expresión *disposición interior* se refiere a una actitud que busca no la satisfacción que está a la vuelta de la esquina y que nos apetece y nos empuja, sino la que es capaz de llevar a cabo una renuncia gustosa, mirando por un bien mayor que aún no ha llegado. Hay un trabajo psicológico detrás que nos mueve a la renuncia, un aprendizaje sucesivo que no es otra cosa que un

nos hemos fijado como meta y que es capaz de superar dificultades, problemas, cansancios y un sinfín de elementos que pueden hacer que en un momento determinado abandonemos nuestro objetivo.

La razón nos ayuda a distinguir lo importante de lo accesorio. Nos enseña a tener espíritu de síntesis y nos ayuda a ensayar soluciones concretas frente a dificultades concretas que van apareciendo. La voluntad va exigiendo una lucha y un aprendizaje por ensayo y por error, que poco a poco va produciendo sus frutos. Para el adolescente y el joven educar la voluntad significa en un primer momento *huir del culto al instante*, es decir, ir adquiriendo la facultad de mirar no en lo cercano, sino en lo lejano, mirar por elevación. Hay que ser capaces de no quedarse en lo inmediato, en lo que en ese momento me pide el cuerpo o sale a mi encuentro. Lo suyo es mirar hacia el futuro, a esa meta que nos proponemos. Hay que ir domando la voluntad como se doma un caballo o un animal. Se debe renunciar a la satisfacción cercana, que pide paso sin más. Dicho de otra manera, *renunciar a lo inmediato*, superarlo, rebasarlo, decirnos a nosotros mismos *que no* y mirar hacia la meta que hemos diseñado y que no es algo próximo. Es un trabajo de artesanía psicológica de negaciones pequeñas, menudas, poco significativas, pero que nos preparan para tareas de más envergadura. La existencia es vectorial: va desde el pre-

---

entrenamiento de negaciones menudas que nos llevan a buscar una cierta excelencia. Ahí es nada. Este debe ser el camino. Es el *test de la golosina* de Mischel.

sente hacia el futuro, nos dirige a lo que está por llegar y nos permite imaginar aquello que hemos visualizado y que está en el horizonte de nuestros objetivos. *La voluntad es firmeza en los propósitos, solidez en los objetivos, ánimo fuerte en las dificultades.* Es una tarea artesanal. *Todo lo grande y valioso del ser humano es hijo de la abnegación.* Quien va educando la voluntad de este modo va a ir siendo más libre y puede llevar su vida a donde quiera. La sabe gobernar. La voluntad se va templando a base de ejercicios pequeños y continuos. Así se vencen la dejadez, la desidia, el abandono, los cansancios que de pronto aparecen y nos pueden distraer o alejar de la meta. Así se cultiva la *cultura del esfuerzo*: luchar, no darse por vencido, pelear en las pequeñas escaramuzas del día a día, tener claro que la resistencia está hecha de esos materiales que he ido refiriendo, y que no son sino afán, desvelo, energía, tesón, empeño que no se da por vencido...

La voluntad como facultad psicológica trae consigo un *admitir* o *rechazar* algo. Tiene dos vertientes muy claras: querer algo firmemente u oponerse y prescindir de ello. *La voluntad consiste en un acto intencional de dirigirse hacia algo o de alejarse, pretenderlo o repudiarlo, buscarlo o relegarlo.* Aquí interviene un factor importante: la decisión. Esto implica tres cosas que conviene dejar claras en este momento de nuestro recorrido:

1. *Tendencia.* Anhelo, aspiración, preferencia por algo. La etimología procede de *tendere:* inclinarse, dirigirse, ponerse en camino de, atender. Es la primera fase,

que puede verse influida por variadas circunstancias del entorno, de dentro y de fuera. Lo importante es que uno se dirija hacia algo que se descubre como valioso, como positivo, que ayuda a la mejoría personal. Estamos atravesados de tendencias buenas, malas, medianas e incluso algunas que podríamos llamar indiferentes. Este es el primer movimiento.

2. *Determinación*. Esta palabra me parece a mí mágica, central, decisiva. Porque *voluntad es determinación*. Tomar una dirección concreta después de haber llevado a cabo un análisis, una evolución de la meta pretendida. Hay aclaración, esclarecimiento, distinción. Se valoran los pros y los contras. *A priori* y *a posteriori* se toma el camino elegido.
3. *Acción*. Es la más definitiva y comporta una puesta en marcha de uno mismo en busca de aquello que se quiere.

La *tendencia* descubre. La *determinación* concreta. La *acción* consigue pasar de la teoría a la práctica. Tríptico que alberga lo sustancial de la voluntad. Por eso *la voluntad consiste en preferir*. Escoger una posibilidad entre varias.

Diferencias entre *desear* y *querer*

Antes de continuar quiero hacer una distinción entre dos palabras que se parecen bastante, pero hay diferencias muy precisas entre una y otra. Se trata de *desear* y *querer*. *De-*

sear es pretender algo con ímpetu y fogosidad, con un enorme interés que nos lleva a su gozo y complacencia. El deseo es una mirada que nos arrastra en esa dirección. Hay varias partes en esta definición que propongo. En primer lugar hay un *anhelo*, una aspiración que es vivida con fuerza, como un viento impetuoso que nos lleva en esa dirección casi como un imán. En segundo lugar significa un cierto *conocimiento* de algo que despierta en nosotros una pasión destacada: una persona y la atracción que nos produce su cercanía y su contacto; un tema; un hecho... Puede ser físico, psicológico, social, cultural o espiritual. En tercer lugar aparece el *gozo*, el placer que produce su disfrute. Pensemos en las tendencias más primarias del ser humano: la comida, la bebida, la sexualidad, etc.; o aquellas otras más secundarias, como las afectivas, intelectuales, familiares, profesionales, etc. *El deseo de placer es bueno, siempre que esté orientado al mejor desarrollo de la persona.* Y por el contrario *el deseo es negativo cuando se aleja de aquello de lo que es un ser humano, en su calidad y en su sentido.* En cuarto lugar aparece la *posesión*: saber que ese algo es de nuestra propiedad, nos pertenece, somos sus dueños y está de alguna manera a nuestra disposición, salvo que se trate de personas[2].

El *deseo* busca la posesión cercana de algo, que se pone en marcha y tiene como motor el impulso de la posesión.

2. Esto quiere decir que hay que evitar utilizar al otro. Porque en esta sociedad que nos está tocando vivir, en este comienzo de 2016, podemos decir que con alguna frecuencia *las personas son utilizadas como si fueran cosas.*

El *querer* aspira a un objetivo más remoto, que requiere un plan concreto, bien diseñado y con la voluntad funcionando a fondo. Podemos y debemos *catalogar bien las aspiraciones* que emergen delante de nosotros. Las primeras son rápidas, como estrellas fugaces en un cielo nocturno raso que pasan vertiginosas y luego desaparecen. *En el deseo manda la seducción.* Las segundas se fijan en la mente y ponen su nota inmóvil y agazapada, que consolida la aspiración. *En el querer mandan el proyecto personal y la voluntad.*

En cuanto a *querer es buscar algo, aspirar a, pero de forma más lejana, elaborada y honda. Nos va conduciendo a la meta mediante ejercicios graduales que se proyectan en esa dirección.* Lo he dicho antes: *el deseo es más epidérmico, inmediato, y busca una resolución rápida; el querer es más profundo, mediato, y aspira a una resolución más lenta.*

En el lenguaje habitual ambos se confunden y aparecen mezclados aquí y allí. *El deseo y el placer forman un edificio común. En la planta de abajo está el deseo, la escalera que los une es la imaginación y en el piso de arriba está el placer.* El deseo va antes, actúa como estímulo. Está claro que no se puede vivir sin deseos. Aprender a domesticar los deseos indica equilibrio y autodominio.

La voluntad es más importante que la inteligencia

Esta afirmación tan rotunda es necesario explicarla. Hoy somos capaces de medir la inteligencia en sus diversos apartados. Son muchos los tests que la exploran y la cuantifican. En mi experiencia de estudiante universitario primero y después como profesor en la universidad he comprobado que la persona que se sabe inteligente, con buena capacidad para razonar y captar los hechos personales y ajenos de forma nítida, a veces se confía tanto que descuida los elementos de la *inteligencia auxiliar o instrumental* (que por supuesto desconoce). Esto se ve en los estudios primarios, después en la universidad y más tarde en muchos aspectos de la vida ordinaria. *La excesiva confianza en la inteligencia propia lleva a despreciar sus herramientas*, que escondidas en el fondo de la persona no son apreciadas si algo no se las explica, si no las puede estudiar en un libro o, lo que es mejor, si no puede verlas plasmadas en alguien que las ha trabajado con esmero.

La voluntad es la joya de la corona de la conducta. Es la pieza clave para avanzar en las metas de nuestra vida. Su educación es doma y domesticación, aprendizaje y docilidad. La voluntad nos determina. Y vuelvo a insistir en la importancia que existe en distinguir dos conceptos que parecen similares, pero que guardan diferencias muy significativas: *desear* y *querer*. Ya me he referido antes a esto, pero quiero dejarlo bien claro y espero que el lector lo anote y vaya captando los matices. Son dos pretensiones que navegan pilotadas por los circuitos de la conducta. Lo resumo así: *desear es anhelar algo de forma rápida, inmediata, próxima, con una cierta inmediatez. Es más superficial y fugaz.* Por otro lado, *querer es pretender algo de forma mediata, a largo plazo. Es profundo y duradero.* Y hay otro matiz: *el desear se mueve más por los sentimientos, mientras que el querer es guiado por la voluntad.* Sentimiento frente a voluntad. Muchos deseos son juguetes del momento. El querer siempre apunta a un cierto progreso personal a medio-largo plazo.

El campo magnético que deambula entre el *desear* y el *querer* forma una tupida telaraña en la que ambos conceptos se cruzan, se entremezclan, se confunden, se avasallan, entran y salen, suben y bajan, giran, se esconden y luego vuelven a aparecer. Todo esto da lugar a una red de significados imprecisos, difusos, etéreos, desdibujados.

Los *deseos* son muy importantes en la vida y nos arrastran hacia un lugar concreto que pide ser satisfecho; significan siempre un movimiento apasionado que impele y se lanza en la dirección del estímulo. En su seno habitan dos características: *necesidad* e *impulso*. El ser humano es un animal de deseos, que son fogonazos momentáneos, a veces casi automáticos, que a uno le arrastran. *El deseo es el registro primario de la afectividad.* Por otra parte, *querer es determinación, propósito decidido, solidez en el empeño.* En definitiva: *voluntad es querer.*

La contabilidad de la vida personal está hecha de aciertos y errores. En la *ingeniería de la conducta* la voluntad tiene un papel decisivo: es un entorno de vericuetos, puentes levadizos y caminos serpenteantes ajedrezados por la búsqueda de algo que merece la pena. El *desear* y el *querer* se filtran por las rendijas de nuestro mundo afectivo silbando con energía. Hoy se considera que la voluntad es una de las piezas clave en la arquitectura de la vida personal y es casi una segunda naturaleza[3].

La educación de la voluntad es una tarea artesanal, lenta, gradual, progresiva... Se parece mucho a ese tipo de lluvia que se da en diversos rincones del mundo, como el orvallo asturiano, el sirimiri vasco, la charrúa peruana o la camanchaca chilena: una lluvia fina que empapa la tierra, que va calando en el campo en donde cae y termina por empaparlo todo. Es decir, lo que en apariencia parece menudo, ligero, poco significativo, sin persistencia, a la larga es constante. La costumbre de vencerse en lo pequeño. Suelen ser batallas menores, escaramuzas de escaso relieve en el día a día, pero que ponen de manifiesto lo que he llamado a lo largo de estas páginas *la cultura del esfuerzo. Es el entrenamiento para gobernarse mejor.*

Uno de los indicadores más claros de madurez de la personalidad es tener una voluntad recia, firme, compacta, sólida, consistente, de edificio románico o gótico. Y al revés, una de las manifestaciones más evidentes de poca madurez es tener una voluntad frágil, endeble, liviana, vulnerable. La clave está en lo siguiente: *hacer atractiva la exigencia.* En esta frase se resume mucho de lo que vengo diciendo en

---

3. Esta afirmación creo que es una declaración de principios. La voluntad es lo más importante de nuestro patrimonio psicológico, por delante de la inteligencia. Ahora bien, lo esencial es saber dónde se aplica la voluntad, a qué aspira, dónde pone el punto de mira. *La inteligencia auxiliar es una pedagogía invisible que se esconde en el fondo de la personalidad y es capaz de sacar lo mejor que una persona lleva dentro.* Este es el *leitmotiv* de este libro, la música de fondo que se repite una y otra vez. El lector lo tiene claro: tomar esta idea en la que he insistido a tiempo y a destiempo.

este apartado. ¿Cómo hacerlo? Utilizando los elementos de la inteligencia, sublevando los deseos que piden paso. Y no dándose uno por vencido cuando las cosas van mal o se tornan difíciles, siendo uno capaz de elevarse por encima de las circunstancias adversas. *Los esfuerzos y renuncias, si uno es constante, tendrán su recompensa*. Saber esperar y saber continuar. Saber utilizar la voluntad sin esperar resultados ni recoger frutos inmediatos: es central, decisivo. *El verdadero objetivo de la voluntad es la victoria sobre uno mismo*. Abrimos las puertas del autodominio y así no nos desviamos de la meta, nos entregamos con ardor a la tarea propuesta.

La voluntad es la capacidad para conseguir objetivos concretos; luchar a fondo tomando la motivación como motor. El hombre superior mira por elevación; no busca lo cercano, sino lo lejano. El hombre inferior vive centrado en lo inmediato, busca la satisfacción pronta, inminente. Para avanzar en la mejor dirección, es preferible seguir lo que yo llamaría, con una cierta licencia lingüística, *tabla de ejercicios de gimnasia de la voluntad*: ahora hago esto sin gana porque es mi obligación; y después me aplico a aquella otra tarea que me cuesta, porque es mi obligación; y después me vuelco con aquel otro objetivo, que me resulta costoso y me cuesta, porque sé que es bueno para mí; y más tarde me esfuerzo en otro pequeño reto, porque sé que eso hará de mí un hombre de una pieza. Es esencial ejercitarse en esos pequeños vencimientos que no reportan ningún beneficio inmediato. Ahí vemos entrenamiento y aprendizaje.

Hay que batirse en una lucha con uno mismo, porque el enemigo está dentro y fuera y tiene distintos nombres a los que me he ido refiriendo una y otra vez: pereza, apatía, dejadez, desidia, abandono, cansancio de la vida o búsqueda de lo más cómodo[4]. Decían los escolásticos que la base de la conducta consistía en crear hábitos positivos que se convierten en una especie de rutinas positivas. Ese *ritornello*, ese insistir y repetir una y otra vez esos actos, nos convierte en personas valiosas. Por eso *una persona con voluntad llega más lejos en la vida que una persona inteligente*. Y a la larga la voluntad es una herramienta multiuso, que vale y se puede aplicar a muchos ámbitos de la condición humana[5].

En definitiva, por este camino uno llega a la conclusión de que no hace lo que desea, lo que pide el tirón del momento, ni lo que le apetece, sino lo que es mejor para uno. Esta es la *segunda naturaleza* a la que antes me refería. De

---

4. *Toda educación empieza y termina por la voluntad*. Educar es introducir en la realidad con amor y conocimiento. En la familia, la educación empieza por una cierta ejemplaridad de los padres. Y se continúa enseñándoles a los hijos a sacar lo mejor que cada uno lleva dentro. Ahí entra la importancia de la personalidad de los padres y de los educadores.

5. Debemos, eso sí, diferenciar entre *rutinas negativas y positivas*. Las primeras consisten en un comportamiento que se vuelve cansino, agotador, sin alma, y que puede darse en muchos planos de la vida. Lo que mata el amor de la pareja es la monotonía, la relación que se vuelve paralela, atónica, sin comunicación. Lo que hace que un profesional vaya para abajo es la chapuza, el trabajo sin profesionalidad y sin gusto. Por el contrario las *rutinas positivas* consisten en comportamientos que ayudan a crecer a la persona como ser humano. Cuesta, en los comienzos uno va un poco a la fuerza, pero todo acaba por echar raíces. No hay rutina cuando se pone amor en lo que se hace, por pequeño que parezca. Eso es la *virtud*: el hábito de obrar bien. Las diferencias son evidentes.

ahí que voluntad y felicidad formen una estructura muy unida. *La voluntad bien educada lleva a la realización más completa de uno mismo*. Con todo lo que eso trae consigo. *La educación de la voluntad patrocina la alegría*[6].

Seducir con la voluntad

¡Qué importante es fomentar la voluntad en una persona! Toda educación debe empezar por la voluntad. Hay que llevarla por el camino del trabajo gustoso, dominando los tirones que nos alejan de lo que nos hemos propuesto, por la ruta afanosa que conduce a un mejor desarrollo de uno mismo. Educar es seducir con los valores que no pasan de moda. Educar es convertir a alguien en persona. Acompañar para que uno se vaya haciendo dueño de sí mismo, prepararlo para la lucha, el esfuerzo y el volver a empezar. Educar es guiar para sacar lo mejor que hay dentro de alguien. *La inteligencia ilumina la realidad, la voluntad se encamina hacia los objetivos trazados*. La voluntad es una energía psicológica que vence obstáculos, insistencia que no se doblega y que se crece ante los inconvenientes, sorteando todo aquello que se opone a seguir adelante. Por eso la educación de la voluntad es un trabajo que no se acaba nunca. *Hablar de*

---

6. Cuando la voluntad es fuerte y moldeable y sabe ajustarse a la realidad de la vida personal, nos lleva por una rampa deslizante a *una vida lograda*. Un ser humano vale lo que vale su voluntad. Quien no sabe vencerse con la voluntad ha nacido para ser esclavo.

voluntad es hablar de exigencia personal. Saber exigirnos es una mezcla de disciplina y actitud. Saber dónde se ponen las cotas de la propia subida. Así no habrá tarea que se resista, siendo a la vez realistas y exigentes. *El que tiene voluntad dispone de sí mismo*. Es capaz de hacer lo que ha decidido y de vencerse una y otra vez. Toda educación de la voluntad tiene un fondo ascético en sus comienzos. Se cultiva y afianza haciendo ejercicios repetidos de trabajo sin recibir una recompensa inmediata[7]. Podemos definir cuatro travesías para que esta seducción se vaya llevando a cabo:

1. Centrar bien la *meta* que nos hemos propuesto, la finalidad de nuestras mejores energías, hacia dónde apuntan, tener bien claro que debe ser concreta, específica, clara[8]. Hay un momento de deliberación, que consiste en el examen de las razones para actuar de esa manera. Surge enseguida el papel del *querer*. Para que esto se ponga en marcha y funcione es necesario el segundo paso.
2. *Motivación*. La persona valora a lo que aspira y le hace ilusión. De alguna manera *la felicidad consiste en ilusión*. La ilusión es el envoltorio, no el conteni-

7. Insisto de nuevo en la idea: *voluntad es querer algo sin esperar recompensas inmediatas*. Ahí está el meollo del asunto. Por eso es tan difícil al principio. Y más en esta sociedad del siglo XXI, en donde queremos resultados rápidos.

8. No perdamos de vista que las *metas* son demasiado generales y amplias. Los *objetivos* podemos seguirlos de forma cuantitativa, los medimos. Un ejemplo: la *meta* es mejorar de una vez por todas en inglés. Este va a ser el año del gran avance. Los *objetivos*: ir avanzando al ritmo de una lección por semana. Así se puede cuantificar el progreso. He insistido en esta idea con cierta frecuencia.

do de la felicidad. Y tiene una enorme importancia en la vida personal. Se produce la representación de la meta al saborear *a priori* los beneficios que nos va a producir alcanzarlo.

3. *La determinación de conseguirlo*. Lo he dicho a lo largo de estas páginas, *voluntad es determinación*. Consiste esencialmente en efectuar una elección: decidirse, tomar la resolución de encaminarse en una dirección concreta. Es el acto mismo de la voluntad, que entrenada en pequeños objetivos en otras circunstancias, ahora se dispone a dirigirse en un sentido definido. En las personas de voluntad frágil este paso cuesta mucho, porque es el momento de pasar de la motivación a la acción. Eso es en el fondo la madurez: *quiero algo y pongo todos los medios para irlo consiguiendo*. Aquí hay que vencer la rutina, el cansancio, la tendencia al abandono, el peso de no ver resultados a corto plazo.
4. *La ejecución*. Es el cumplimiento de esos *objetivos* que están delante de nosotros y en los que tenemos que poner esfuerzo, lucha, espíritu de sacrificio, tesón. Es el modo de ir alcanzando la finalidad prevista. Es la hora de la verdad, donde la voluntad emerge como ingrediente definitivo. Es el mejor camino para irla entrenando, que se haga robusta y podamos echar mano de ella cuando sea necesario. El querer se subordina al placer, la determinación va por delante del deseo. Es un juego de piezas clave en donde la persona se pone a prueba una y otra vez. Es el mo-

do para ir siendo cada vez más libres. La libertad es la independencia de la voluntad para poder dirigirnos a lo que queremos[9]. Quiero contarles una anécdota que me sucedió hace poco con mis alumnos, en un apasionado debate sobre en qué época de la Historia les habría gustado vivir. Una joven muy centrada en la estética dijo que en el Renacimiento, cuando el cultivo de la pintura y de las artes fue tan fecundo y dejó tantas obras maestras. Después un alumno mencionó la Ilustración, con la creación de la *Enciclopedia* y la Revolución francesa como telón de fondo. Otro dijo que el principio de la era cristiana, con un novedoso código ético expresado a través del Evangelio... Se dieron muchos puntos de vista. Yo, finalmente, di el mío: para mí la etapa de la Historia en la que me habría gustado vivir es... la de ahora. Nuestro tiempo, con tantos avances técnicos, con los progresos de la navegación aérea, Internet, las redes sociales, la democratización de buena parte del mundo. Por supuesto aceptando las sombras que indudablemente se mezclan con esas luces.

Hoy todo va demasiado deprisa, por eso es importante tener una *adecuada concepción de la vida*, siendo capaces

9. El pensamiento alemán del siglo XIX hacía una distinción, que quisiera ahora recordar, entre *weltanschauung*, que es una especie de cosmovisión, y *lebensanschauung* o concepción de la vida. Se trata de tener un sentido profundo de la vida, enmarcado en el mundo que nos ha tocado vivir.

de encontrar respuestas a los grandes temas: ¿de dónde venimos, a dónde vamos, qué sentido profundo tiene la existencia?

Los perdedores y los triunfadores no se hacen de un día para otro

El fracaso y el éxito no aparecen de pronto, por generación espontánea, sino que son resultado de años de dejadez, abandono, desidia, falta de voluntad... O, por el contrario, de muchos esfuerzos repetidos, de empuje y obstinación por alcanzar objetivos, de una voluntad recia, sólida, compacta, consistente y pétrea. La vida es un resultado. Como la felicidad, que es la consecuencia de lo que uno ha ido haciendo con su vida de acuerdo con lo que proyectó. El que tiene voluntad consigue lo que se propone antes o después. Así de claro.

En esta sociedad que nos ha tocado vivir, en esta segunda década del siglo XXI, repleta de cosas positivas y abundante en contradicciones, en mucha gente joven aparece lo que he llamado *la filosofía del «me apetece»*. Se trata de hacer solo lo que a uno le gusta. Aparece así un discurso ramplón e insignificante que se va adentrando en los pliegues de esas personas: «Es que no me apetece, no tengo ganas, eso no me gusta, eso otro me cuesta mucho hacerlo». Por este derrotero se acaba adquiriendo una personalidad débil, caprichosa, blanda, veleta, que gira según el viento del momento... Alguien así es incapaz de ponerse objetivos concretos y dejarse la piel por alcanzarlos. Es la imagen del *niño mimado* que tanta pena produce al que la observa. El que al no haber luchado en las cosas pequeñas del día a día se ha ido convirtiendo en un juguete de las circunstancias, traído y llevado, tiranizado por lo que a cada momento le pide el cuerpo. No llegará muy lejos en la vida. El perfil psicológico de este *niño mimado* se puede describir como alguien echado a perder, consentido, malcriado, estropeado para cualquier tarea seria. No doblará el cabo de Hornos de sus posibilidades, siempre estará insatisfecho.

Por el contrario, el que tiene educada la voluntad después de una brega pertinaz consigo mismo, luchando contra viento y marea por sacar lo mejor que lleva dentro, va sabiendo lo que es la verdadera alegría. *La alegría está por encima del placer, pero por debajo de la felicidad.* La felicidad consiste en un estado de plenitud interior al comprobar que uno ha puesto los medios para alcanzar las metas de la vida a pesar de las dificultades. Por esta razón puedo afirmar que *el que lucha está siempre contento*. De ahí que *la educación de la voluntad patrocine la alegría.* La promueve. Y el resultado es una persona sólida, firme en sus propósitos, que puede confiar en sí mismo: esto es la autoestima, que tiene dos componentes esenciales: seguridad y confianza en uno mismo. A la autoestima se llega con el tiempo, con buenos resultados personales, no porque uno se lo repita mentalmente, como un *mantra*, hasta que se autoconvence. El camino es distinto: se tiene un buen nivel de autoestima como suma y compendio de un trabajo bien hecho con uno mismo, sacando los mejores resultados de las aptitudes y posibilidades con las que se ha ido contando. Lo dice Don Quijote: *cada uno es hijo de sus obras*. Dicho de otro modo e insistiendo en la misma idea: *la felicidad es un resultado de nuestro proyecto de vida.*

Caso clínico: un adolescente tímido y sin voluntad

Su madre es paciente nuestra desde hace muchos años. Tiene cincuenta y tres años y es ama de casa. El padre es agricultor, de cincuenta y nueve años. Tienen tres hijos y este es el pequeño. La madre sufre una depresión bipolar pero muy controlada. Hace muchos años que está estable, no tiene ni episodios de euforia ni fases depresivas. En muchas entrevistas me habla, además de la evolución de su estado de ánimo —que es el tema principal—, de su marido y de sus hijos. El marido es un hombre con pocos estudios, simple, muy poco comunicativo e inexpresivo en lo afectivo.

En una de sus visitas a la consulta me cuenta que su hijo ha repetido el curso anterior a la universidad y que luego, cuando empezó los estudios de Derecho, el primer año solo aprobó dos asignaturas. Al parecer tiene algunos problemas, así que le pido que le traiga, para hablar con él. Cuando viene, me encuentro con un chico tímido, retraído, que no es muy consciente de lo que sucede y que viene a consulta casi a la fuerza, porque su madre ha insistido.

Me cuenta: «Soy una persona normal y no tengo ninguna enfermedad para venir al psiquiatra. Soy más bien callado y me cuesta relacionarme con la gente, pero eso les pasa a muchos que conozco». Yo le explico: «Quiero que sepas que los psiquiatras y los psicólogos no vemos solo a gente que tiene una enfermedad psíquica más o menos importante, sino también a personas con problemas y dificultades de conducta. Y tú, según nos ha contado tu madre y tú mismo ahora, eres alguien a quien le cuesta mucho estudiar, cuyas notas casi siempre son malas y que ha repetido en dos ocasiones. Por tanto debes tener claro que necesitas un tipo de ayuda psicológica. Es verdad que lo que te sucede es bastante frecuente y vamos a intentar ayudarte para que avances».

Durante dos días trabajamos con él haciendo una entrevista clínica sistematizada y manteniendo un diálogo sobre su personalidad, su forma de estudiar, el modo de aprovechar el tiempo, etc. Nos sorprende que en dos tests de inteligencia dé un índice muy alto. En el más sencillo, el *Test de Matrices Progresivas de Raven*, obtiene 56 puntos sobre 60. Por otro lado hace el *test de inteligencia de Weschler*, cuyo resultado también es sorprendente.

A medida que vamos estudiando su caso encontramos varias cuestiones bastante negativas que llaman mucho mi atención. Nos los cuenta él: «Siempre he sido bastante desordenado, me cansa poner cada cosa en su sitio y también me sucede lo mismo con los libros y cuadernos de estudio; pero casi siempre lo encuentro todo. Yo tengo mi orden... Pero muchas veces mi madre entra en mi habitación y lo arregla todo».

Le pregunto sobre su voluntad y contesta: «Tengo poca fuerza de voluntad. Bueno, la tengo para las cosas que me gustan, como el ordenador, jugar al fútbol o ver series y películas en televisión. Pero me cuesta mucho ponerme a estudiar, me da mucha pereza y no me concentro, me distraigo con cualquier cosa. En mi casa no hay libros. Yo creo que mi madre nunca ha leído un libro, aunque mi hermano el mayor ha estudiado ingeniería y tiene algunos libros que no son solo de su carrera». Cuando le pregunto si en clase toma apuntes o está pendiente de lo que se dice, contesta: «Procuro estar atento a lo que van diciendo los profesores, pero no tengo costumbre de tomar nota, prefiero escuchar».

Al adentrarnos en su problema nos impresiona mucho la enorme divergencia que hay en su persona, la separación entre su *alta inteligencia medida de forma clara* y, por otro lado, *la escasa educación de la inteligencia auxiliar* que se observa. Para que alguien corrija una conducta negativa lo primero es saber lo que le pasa y explicárselo con claridad. A esto se le llama *insight*, palabra inglesa que se ha incorporado al lenguaje psicológico-psiquiátrico y que significa tener conciencia de lo que a uno le sucede. Se lo explicamos así: «Tienes, sorprendentemente, una *inteligencia general alta*. A través de los diferentes tests y pruebas que te hemos hecho se ve muy claro. Y a la vez *tienes muy poco educada la llamada inteligencia auxiliar*». Le explicamos en qué consiste esta última: «Eres muy desordenado; no tienes disciplina para las cosas sencillas de la vida de cada jornada; hace mucho tiempo que tienes abandonada la voluntad y solo haces lo que te parece agradable; no estudias y siempre que vas a examinarte llevas la mitad de la asignatura sin haberla estudiado; pierdes mucho el tiempo; muchos días te acuestas de madrugada viendo la televisión o Internet y a la mañana siguiente no vas a clase a primera hora porque te quedas dormido; y todo esto que a ti te puede parecer más o menos normal, es grave ahora y puede serlo mucho más el día de mañana, porque la voluntad es una herramienta que vale para todo».

Le ponemos algunos ejemplos sencillos y los capta enseguida. Empezamos con él una *terapia cognitivo-conductual*, que consiste en una serie de pautas psicológicas que él va anotando en una libreta. En esta tiene también unos objetivos muy concretos que queremos que vaya consiguiendo. Son muy sencillos y los veremos de inmediato. Utilizamos un lenguaje personal, directo y en primera persona. Debe leerlos y releerlos para interiorizarlos y, lo que es más importante, ponerlos en práctica. Aquí están. Van dictados en primera persona:

— *Acostarme cada día a una hora adecuada*. El orden en el horario empieza por la noche y consiste en poner de mi parte para irme a dormir a una hora adecuada, que tiene que ser aproximadamente entre las 11.45 y las 12.15. Cortar con la televisión, Internet o los whatsapp.
— *Ir a clase a diario, sin faltar nunca* (salvo que esté enfermo de verdad). Uno de los errores que he ido cometiendo en los dos últimos años es el de faltar a menudo a clase. Desaparezco de la universidad y estoy como flotando.
— *Tomar apuntes de cada asignatura y tener un cuaderno particular para cada una de ellas*. Pierdo el tiem-

po en clase y al no tomar nota mi cabeza flota, va de aquí para allá, navegando en mis pensamientos e imaginaciones. Este ejercicio de disciplina diaria va a ser muy bueno para mí y hará que salga de clase con la lección aprendida. Luego, a la hora de preparar un examen, todo será más fácil.

— *Voy a empezar a estudiar cada tarde al menos una hora*. Como no tengo hábito de estudiar, esto me cuesta mucho. Unos minutos antes de ponerme voy a utilizar con estrategia los siguientes *mensajes cognitivos positivos*. Son frases breves que me repito, interiormente, sin ruido de palabras, como una especie de mensajería interior, cuando me voy a poner delante de los libros y no me apetece. Son sentencias cortas que me digo a mí mismo: «¡Ánimo, arriba, adelante, que puedes ponerte a estudiar si de verdad te lo propones! Querer es poder. Tienes que hacerlo, aunque te cueste. Aquí tienes un buen ejercicio para mejorar en voluntad. Hazlo ya, sin esperar más tiempo. La voluntad es importantísima para alcanzar cualquier meta. El que empieza algo, tiene la mitad conseguida. Dando este pequeño paso de ponerme a estudiar fomento el hábito de aprovechar el tiempo. Para llegar a donde quiero, tengo que ir por donde no quiero. Este esfuerzo de ahora pronto tendrá sus frutos. Ojalá sea capaz de aguantar este rato de estudio. Veré un gran cambio en mí mismo».

— *Tener ordenada mi habitación*. El orden es como un sedante. Dejar mi ropa colgada en su sitio hará que tarde unos minutos más, pero no la dejo tirada en el suelo para que luego mi madre la recoja. Hacerlo yo mismo... Irme acostumbrando a ello. Y de vez en cuando (cada dos meses más o menos) hacer limpieza a fondo y tener este principio: «Ordenar es tirar lo que no sirve. Y en la duda, tiro».

— *Saber que hasta ahora he sido un maestro en el arte de perder el tiempo*. Reconozco que en los últimos años no he estudiado nada y que me he pasado horas delante del ordenador jugando o viendo televisión sin ningún criterio de selección. Quiero cambiar. Debo *hacer un esquema semanal de actividades.*

— *Planificar con tiempo los exámenes de cada asignatura*. En este cambio gradual de mi vida, esto es básico. En los años anteriores muchas veces no me he presentado a algunos exámenes porque no he sabido organizarme bien. Desde ahora voy a luchar en este punto. Me voy a apoyar en el equipo del doctor Rojas, para que ellos me motiven en esta tarea.

— *Colaborar en tareas domésticas del día a día*. Vivo en mi casa como si fuera un hotel. No hago nada y a menudo me quejo cuando me piden algún pequeño favor. Voy a concretarlo en una pequeña lista de cosas. En una palabra: pensar más en mis padres y en mis dos hermanos.

— *Voy a ir cogiendo el hábito de la lectura*. La lectura frecuente de libros de diverso tipo (novelas sencillas, algún ensayo, etc.) es un puente hacia el estudio. El doctor Rojas quiere que lea un libro al mes.

— *Aprender a concentrarme*. Hasta ahora este ha sido uno de los problemas más evidentes que he sufrido. Mi cabeza está desparramada, desperdigada en muchas cosas. ¿Cómo lo iré consiguiendo? De tres maneras: una, porque voy a tomar una medicación que me ayudará en este aspecto y notaré su efecto. La dosis la irá determinando el equipo médico. Otra: tengo que luchar por *estar en lo que estoy*. Se trata de un aprendizaje sucesivo, de evitar estar pensando en lo que acabo de hacer o en lo que me está esperando, o dejar suelta la imaginación, que vuela sin rumbo de aquí para allá. Cuando me dé cuenta de ello, volveré al libro de texto que tengo delante, en mi mesa de estudio. Y en tercer lugar voy a ponerme un cartel en letras grandes que diga lo siguiente: «*Lucha de verdad por concentrarte: este es tu reto aquí y ahora*».

Le insistimos en que se tome la lista en serio porque va a ser un modo para que se dé cuenta de cómo puede mejorar, aunque en los comienzos todo se haga cuesta arriba. Al principio le veíamos una vez cada dos semanas, pero más adelante fijamos las visitas una vez al mes, aunque él podía consultarnos por teléfono o por correo electrónico cuando quisiera. Desde el principio notamos con él muy buena sintonía, aunque le costó bastante seguir las pautas marcadas. El primer año de Derecho consiguió aprobar todas las asignaturas y obtuvo un notable. Aprovechó el verano para seguir un curso de alemán en Baviera y eso le ayudó a socializarse más, pues como comentamos al principio se trata de una persona tímida y retraída. El segundo curso seguimos en la misma línea (hay que decir que al principio lo acompañaba su madre, pero más tarde empezó a venir solo a la consulta). A partir de tercero de Derecho espaciamos las visitas y venía cada trimestre, aunque la comunicación por correo electrónico era muy frecuente. Hoy en día ha terminado sus estudios, ha hecho un *stage* de alemán en Múnich, su inglés es bastante bueno (tiene el grado Proficiency) y está trabajando en una multinacional alemana en Madrid. Este es el resultado de haber puesto a funcionar *los ingredientes de la inteligencia auxiliar*, con la voluntad a la cabeza.

Es este un caso, en mi opinión, bastante representativo. En él podemos ver, como en una panorámica biográfica, lo que ha sido su esfuerzo por salir de su gran problema: la falta de voluntad. Pero ha sabido dejarse ayudar y ha ido poniendo en práctica todas las sugerencias que ha ido recibiendo. Hoy es otra persona.

Caso clínico: adicción superada a la pornografía y a la prostitución

Viene a la consulta un hombre de treinta y siete años, casado y maestro de profesión. Tiene un hijo de siete años. Su mujer es profesora de inglés. El paciente es el pequeño de tres hermanos. En su primera visita nos dice lo siguiente: «He pensado mucho en venir y no venir a verle, doctor Rojas. He leído muchas cosas suyas, no solo algunos libros, sino bastantes artículos de prensa. Lo que me pasa es muy fuerte y sé que dar este paso, venir a su consulta, es ya un signo de que quiero cambiar algo de mi vida, de mi conducta. Algo que me lleva atormentando desde hace muchos años. No sabría decir cuántos, pero es algo que se ha metido en mi vida y no me suelta». Al preguntarle de qué se trata, continúa: «Tengo dos males, que son mi perdición y que solo los conocen mi mujer y mi hermano el mayor. Soy adicto a la pornografía y a las prostitutas. Son dos pasiones que han atravesado mi vida desde hace tantos años que creo que esto no tiene arreglo. Sin embargo, ha ocurrido algo en mi vida que me ha hecho plantearme el dejarlo: mi padre ha muerto hace unos meses. Yo estaba bastante unido a él, aunque hemos tenido momentos distantes y difíciles entre nosotros. Él fue un hombre en muchas cosas bastante rígido. Era médico de familia y, según dicen, un buen profesional, un hombre muy entregado a sus pacientes. Hace unos cinco meses le diagnosticaron un cáncer de páncreas. Hasta ese momento estaba bien. Tenía setenta y dos años y gozaba de excelente salud. Fue un bombazo para toda la familia. Yo me quedé destrozado y no podía creérmelo. Pusimos todos los medios a nuestro alcance. Pensamos que podría entrar en una nueva terapia que se estaba ensayando en ese momento en el hospital que le atendía... Pero enseguida nos dijeron que tenía metástasis y que no se podía hacer nada...

En ese momento el paciente empezó a llorar y no pudo seguir su relato, emocionado al recordar los hechos sucedidos. Al cabo de un rato, se calma y continúa su exposición: «He sido siempre una persona muy curiosa. Me ha gustado saber, colarme en temas un poco raros, en noticias extrañas. A partir de mis veintidós años se produjo un cambio. Fue por una novia que tuve, una relación muy negativa. Me quedé tocado, me hundí y empecé a ver pornografía en revistas. Las compraba y las iba guardando en casa hasta que se convirtió en un hábito. Más adelante un conocido mío me invitó a ir con él a un bar de copas donde había chicas jóvenes de países del este de Europa que ofrecían sus servicios. Yo nunca había ido a nada de eso. Entre otras cosas porque fui educado en unos principios morales bastante fuertes, especialmente por mi madre. Y había estudiado en un colegio religioso. No obstante, me dejé llevar e iba con él con cierta frecuencia».

Sigue su exposición: «Luego decidí ir solo y cambié de sitio. El sexo se convirtió para mí en un desahogo y me di cuenta de las muchas revistas que había al respecto. Y películas y fotos... Entré en un mundo fascinante y atroz. Muchos de mis ratos libres los dedicaba a esto. La masturbación se volvió diaria y estaba siempre pensando en ello. Estos asuntos se convirtieron en mis acompañantes permanentes. Yo había sido un estudiante mediano. Terminé Pedagogía y me presenté a unas oposiciones de Magisterio y las saqué. Cambié de ciudad y el nuevo destino bajó el nivel de pornografía a la vez que dejé bastante de ir a sitios de prostitución. En esa época conocí a la que iba a ser mi mujer, lo que ayudó a que la pornografía fuera desapareciendo bastante de mi vida. Salí durante año y medio con mi novia y luego nos casamos. Las relaciones íntimas con ella eran positivas, pero yo la presionaba mucho porque quería estar con ella a diario o incluso dos veces al día.

Y ella no podía, le costaba. Me decía que ella no lo necesitaba tanto. Poco a poco volví a la pornografía. Yo guardaba revistas en un sitio muy escondido de nuestra casa, hasta que un buen día, haciendo ella una especie de limpieza general, las encontró y se quedó muy impresionada. Mi imagen ante ella se deterioró mucho. Le expliqué por encima lo que me pasaba, pero ella no se lo creyó y pasamos una crisis de pareja bastante fuerte».

Le pregunto: «¿Supo ella lo de la prostitución? ¿Cómo se llegó a enterar?». Me contesta: «Un día encontró en mi chaqueta un par de tarjetas de sitios a donde yo había ido y esto la dejó hundida. Me dijo que se quería separar de mí, que yo no era el hombre que ella había pensado. Hicimos terapia de pareja y la verdad es que nos ayudó mucho, sobre todo a mí. El psicólogo me dijo que yo padecía un *trastorno de personalidad* y eso me afectó mucho. Mi mujer me dijo que eso significaba que yo era un enfermo mental, lo que me dejó traumatizado. Hace de esto unos tres años».

«¿Y cómo ha sido tu evolución en estos tres años, después de la psicoterapia a la que asististeis?», le pregunto, y él me responde: «Bajé el consumo de pornografía. En parte porque ella me controlaba en Internet, en mis cajones y en mis sitios especiales en casa. Llevaba un control de mis horarios. Pero para mí era como un imán y a la vez un desahogo. Me costaba mucho evitarlo. Seguí haciéndolo, pero ahora teniendo mucho cuidado para que mi mujer no se enterara. Sin embargo, con motivo del cáncer de mi padre vino un sacerdote joven a atenderlo. Tendría poco más de treinta años y me llamó mucho la atención la manera tan cuidadosa con que trataba a mi padre. Así que quise hablar con él. Nos citamos y estuve con él más de tres horas en las que le conté todo, con detalle, sin ocultarle nada. Cuando terminé, sin que él me dijera nada, pensé: "Esto va a cambiar, ahora sí. ¡Busca ayuda!". Este sacerdote me ayudó a volver a lo espiritual. Me dijo: "Necesitas un psicólogo". Fui a uno, pero no me entendió. Fui solo en dos ocasiones. Por desgracia el sacerdote no conocía a ningún psicólogo o psiquiatra, así que pensé en usted. Acababa de leer un artículo suyo en la prensa. Estuve unas cuantas semanas pensando: ¿voy o no voy? ¿No será peor, no me ocurrirá como con el psicólogo? Así estuve, con esas dudas, hasta que decidí dar el paso y venir. Doctor Rojas, me pongo en sus manos. Sáqueme de esto como sea. Déme una pastilla o lo que usted vea».

Le hicimos una serie de exploraciones clínicas en dos sentidos: por un lado, para tener claro el perfil de su personalidad; y por otro para saber su nivel de inteligencia[10]. Los resultados nos pusieron de manifiesto dos aspectos fundamentales del paciente:

1. En primer lugar, mostraba un claro *trastorno mixto de la personalidad* con tres notas muy rotundas: *límite* (impulsivo, inestable, con muchos cambios anímicos), *obsesivo* e *inmaduro en lo afectivo*.

---

10. Utilizamos con él una batería de tests de personalidad muy concretos: el IPDE de Theodore Millon y el SCID-II de First y sus colaboradores, así como algunas pruebas complementarias de la American Psychiatric Association. También los clásicos tests de Rorschach y el Test de Apercepción Temática (TAT) de McMurray. También le aplicamos, para la medida de la inteligencia, el Test de Matrices Progresivas de Raven y el de Weschler (este es mucho más completo).

2. Por otro lado mostraba *una inteligencia general muy alta*. Esto era positivo de cara al futuro, pero había matices, como que su inteligencia más destacada era la relacionada con lo social, así como la creativa.

Se lo comentamos como parte del tratamiento, explicándole que su situación se podría arreglar por medio de una *terapia integral* con cinco componentes básicos que deberían ser trabajados cada uno de forma independiente, pero sabiendo que forman un bloque, una estructura. Estos componentes eran:

1. *Farmacoterapia*: medicación para combatir la ansiedad y para frenar su enorme impulsividad. Le recetamos un estabilizador del ánimo, de la familia del litio. También probamos una medicación especial para momentos de enorme ansiedad o de evidente descontrol de sí mismo.
2. *Socioterapia*: dado que el paciente y su mujer se habían aislado de la gente y tenían muy pocos amigos, les recomiendo ampliar sus relaciones gradualmente, salir los fines de semana y hacer excursiones, abriéndose a más gente.
3. *Biblioterapia*: unos libros de ayuda personal, leídos despacio, le ayudarán a mejorar su forma de ser. También se le recomiendan otros que le eleven culturalmente. Por suerte al paciente siempre le ha gustado leer, pero en los últimos años lo ha ido dejando. Es hora de retomar esta costumbre. Hablamos de li-

bros sencillos y estimulantes que le ayuden a mejorar. Los sugeridos los ha leído con provecho.

4. *Psicoterapia*: se establecen objetivos psicológicos que sean como normas para luchar día a día. Le damos una libreta de anotaciones donde debe tomar nota, en primera persona, de las sugerencias que le vamos dando. Ha de seguir una *metodología bifronte*: objetivos/instrumentos, *qué/como*.

Respecto a este último componente de la terapia, voy a esquematizar algunos de los puntos para que el lector pueda seguir con más detalle sus pautas:

— *Tengo que suprimir Internet de mi vida.* Esto suena duro y difícil, pero si quiero ir dejando esta adicción, debo tomar esta decisión drástica. Me ha explicado el doctor Rojas que la adicción al sexo es más fuerte que la adicción a la cocaína. Está muy estudiado que si no se ponen medios extraordinarios, se hace crónica. Lo voy a hacer cuanto antes.

— *Poner la voluntad por delante para no ver ni comprar revistas pornográficas.* Me dicen los psiquiatras y los psicólogos del equipo del doctor Rojas que la voluntad es una pieza clave en la reforma y reconstrucción de la personalidad. Más importante que la inteligencia. Necesito ejercitarla poco a poco, día a día. Reconozco que esto me ha marcado negativamente en mi vida y lo que empezó siendo una curiosidad se ha convertido en un hábito grave.

— *Pedirle a mi mujer que me ayude a superar esta adicción.* Esto es humillante para mí, porque me deja en un lugar muy negativo, pero ella sabe que esto es una enfermedad adictiva y está dispuesta a luchar conmigo. Poner todas las cartas sobre la mesa es duro, pero a la larga me sacará de este pozo.
— *Mensajería privada cognitiva para decírmela a mí mismo cuando aparezca la tendencia a acudir a la prostitución.* Se trata de una serie de sentencias interiores que me diré por dentro con el fin de cortar esa inclinación. Las frases han sido elaboradas por el doctor Rojas y por mí mismo. Las utilizaré en esos momentos.
— *Mejorar mi relación conyugal.* Tengo una serie de reglas para ponerlas en práctica. Y además unos libros muy eficaces y claros para ir avanzando en este sentido. Aquí el tema se ha abierto en muchas dimensiones y hemos elaborado otra *libreta de terapia de pareja* que ya está produciendo sus frutos.
— *Ocuparme más de mi hija.* He de estar más tiempo con ella, compartir juegos, deberes, amistades, dedicarle tiempo.
— *Preparar mejor mis clases y actualizar las materias que explico.* Me doy cuenta de que me he abandonado un poco en esto y necesito estudiar más y ponerme al día en los temas de mi especialidad.
— *Estrategia conductual para vencer el momento en el que voy a buscar pornografía.* Se trata de una logística que pondré en marcha cuando me dé cuenta de

que salta en mí esa búsqueda. Tendré que ponerla a funcionar con todos sus componentes.

La evolución de este caso ha sido muy positiva. En unos meses su cambio fue evidente, y al cabo de casi un año de tratamiento los resultados son muy favorables. El paciente ha recuperado la paz interior y no ha vuelto a tener contacto con esos dos temas, pornografía y prostitución. Su relación conyugal va mejorando. Esta ha sido una segunda terapia en los comienzos y ahora está en primer plano. La complicidad terapéutica ha dado resultados buenos, a pesar de las heridas psicológicas de su mujer.

El caso de Joshua Bishop

Quiero contar ahora el caso de Joshua Bishop. Cuando tenía diecinueve años, él y un compañero de fechorías, de treinta y seis, llamado Max Braxley, mataron brutalmente a un hombre con el que habían estado bebiendo hasta la madrugada en el condado de Baldwin (Georgia). Querían robarle el coche mientras dormía la borrachera, pero el hombre, llamado Leverrett Morrison (de cuarenta y cuatro años) se despertó y se produjo una pelea. Como estaba saliendo de un sueño profundo no pudo hacer mucho y Joshua lo mató golpeándole en la cabeza con una barra de madera. Luego él y su cómplice metieron el cadáver en el maletero del coche y le prendieron fuego, abandonándolo en un terreno perdido. Procuraron borrar todas las huellas del crimen.

El cuerpo fue hallado horas más tarde y los dos autores del crimen fueron detenidos. Joshua confesó el asesinato y le condenaron a muerte, mientras que a su cómplice lo sentenciaron a cadena perpetua. Pasó veinte años en el corredor de la muerte y fue ejecutado a los cuarenta y un años de edad. El caso habría pasado desapercibido de no ser por un largo artículo que apareció en el diario *The Telegraph*, de Macon, y que más tarde fue recogido por *The Guardian*, en marzo de 2016. En él se cuenta la dura infancia de Joshua y la profunda transformación positiva que experimentó en sus dos décadas de cárcel. Su infancia fue a lo Dickens, viviendo bajo los puentes, en residencias para niños abandonados o en casas de acogida, siempre asustado y hambriento, vagabundeando de aquí para allá.

Su abogada, Sarah Gerwig-Moore, escribió su nota necrológica: «Sus últimas palabras fueron de arrepentimiento y amor». De su infancia contaba: «Describía sin amargura los días de su niñez, cuando pescaba para comer o freía tomates verdes que recogía de la basura. Era un muchacho dulce, siempre dispuesto a ayudar a los demás y que adoraba a su madre, una prostituta de buen corazón que nunca pudo decirle quién era su padre. Las drogas (cometió el crimen bajo los efectos de la cocaína) y el alcohol, que consumía desde pequeño, le hicieron llevar una vida errática, cometiendo horribles equivocaciones que no correspondían a su carácter».

Ya en el sombrío corredor de la muerte, continúa su abogada diciendo que «descubrió que podía ser amado por los demás y por Dios y entonces floreció como artista y como hombre». Se consagró a la pintura en los años de cárcel y conoció a una familia, los Shetenlieb, que empezaron a visitarle y se hicieron amigos de él, procurando ayudarle, transmitiéndole que nadie está fuera del perdón si de verdad se arrepiente y que la voluntad lo puede todo si uno se propone realmente cambiar. Conectó con el capellán de la prisión, se bautizó y se convirtió al catolicismo. Su misa de funeral se celebró en la iglesia de San Pío X en Conyers (Georgia).

Tras su conversión multiplicó su actividad y además de pintar se aficionó a la lectura, cosa que no había hecho nunca en su vida. Su libro de cabecera fue *El diario de Anna Frank*, que le ayudó a cambiar y a fortalecer su voluntad. También empezó a conocer a gente de fuera de la cárcel, que venía a verle, y eso le ayudó a implicarse en obras sociales y de solidaridad. En sus últimos años trabajó en la escuela jurídica de la Mercer University para enseñar a medio centenar de estudiantes «lecciones sobre la justicia que nunca podrían aprender en las aulas».

La abogada contó también que «había pedido perdón con humildad a los familiares de sus víctimas y quedó confortado con la gracia de obtenerlo de la mayoría». Un dato muy interesante es que la hermana de Morrison pidió su indulto, que le conmutaran la pena de muerte por la cadena perpetua. Una petición que se basó, entre otros argumentos, en su buen comportamiento y su conversión religiosa.

En sus últimas horas, cuenta su abogada, «confortó a sus amigos, rezó con ellos, nos pidió que cuidáramos a muchos de los presos y cantó *Amazing Grace*, confiando en que, aunque él muriera porque lo había merecido, podría alejar el dolor de otras personas a las que había hecho daño». La abogada, Sarah, profesora de Derecho en la Mercer University, que llegó a ser su amiga, confesó que escribió la historia de Joshua entre lágrimas, con momentos de mucha tristeza: «Él me dio permiso para contar su historia de forma que resultase positiva para otros chicos con problemas como el suyo».

Diez consejos para tener una voluntad fuerte

Llegamos al final de este importante apartado sobre la voluntad. Hay mucha bibliografía médica y psicológica sobre el tema[11] y no quiero detenerme en ella para aligerar el texto, pero en la bibliografía final la expondré para los que quieran beber en esas fuentes. Voy ahora a llevar a cabo un resumen de todo lo dicho. Sé que me voy a repetir, pero no me importa, pues es la mejor manera de que

11. Ya Santiago Ramón y Cajal publicó un libro que fue muy celebrado en su tiempo: *Los tónicos de la voluntad* (Espasa-Calpe, Madrid, 1941). Fue parte de su discurso de entrada en la Real Academia de Ciencias Físicas y Naturales. En esta obra elogia las bondades de cultivar esta herramienta. En el capítulo quinto, titulado «Las enfermedades de la voluntad», se refiere especialmente a dos tipologías: la *abulia*, una grave ausencia de voluntad que no ha sido suficientemente trabajada, y lo que él llama los *teorizantes*, que están siempre elaborando conceptos abstractos sin aterrizar en la realidad, sobre todo en la realidad de lo que debe ser la ciencia. Por otra parte Robert Tocquet, psicólogo francés, tiene un texto muy conocido, *Les pouvoirs de la volonté* (Éditions Godefroy, París, 1986), en donde el autor trata de explicar cuáles son los límites de la voluntad y cómo se puede llegar a dominar las emociones.

el lector pueda captar que la voluntad es una herramienta central en el patrimonio psicológico. No digo que no existan otras, como la inteligencia, la percepción de la realidad, el pensamiento, etc., pero esta ejerce un papel decisivo y no es algo congénito, sino adquirido. Nadie nace con voluntad. Nada de eso: es un esfuerzo constante lo que nos hace ganarla. En el decálogo siguiente trato de ponerlo negro sobre blanco. Voy a tensar la cuerda para que el lector pueda subrayar lo que le parezca más sugerente y se examine a sí mismo. Este utensilio es un arma esencial para desarrollar de forma armónica la *inteligencia auxiliar*.

1. *La voluntad necesita aprendizajes graduales para alcanzar un cierto nivel.* Se va consiguiendo con la repetición de actos en donde uno se vence, y cae, y vuelve a empezar, y sigue luchando, de forma deportiva. A esto se le llama *hábito*: comportamiento adquirido por la repetición en una dirección concreta, en donde la constancia desempeña un papel muy evidente. De entrada esto cuesta mucho trabajo, pues en esta primera etapa la voluntad está virgen, sin domar, y se resiste, se duele y son costosos los primeros pasos.
2. *Cualquier aprendizaje se adquiere más fácilmente si la motivación es mayor*. Estar motivado es apuntar hacia una meta que resulta buena y satisfactoria para uno. Es como un ejercicio de tiro con arco: la fuerza de voluntad estira el brazo hacia atrás para que la fle-

cha apunte mejor al blanco. La motivación es esencial a la hora de poner a funcionar la voluntad. *Cuanta más motivación existe, la voluntad está más predispuesta.* La madurez psicológica consiste en eso, en saber recorrer la distancia que separa la determinación del objetivo. Y todo esto dentro del marco del *proyecto de vida personal*, que se articula a largo plazo, pero que se saborea en el corto. La realización de las pretensiones nos lleva al *proyecto personal*, que es camino seguro para acercarnos a la felicidad relativa, que es a la que debemos aspirar, pues la absoluta es una pieza de museo. Está en los libros y en las mejores teorías, pero no se llega a alcanzar en esta vida.

3. *Ir consiguiendo voluntad es una tarea que necesita vencimientos frecuentes, en cosas de poca importancia al principio.* Toda educación de la voluntad tiene un trasfondo ascético en sus inicios. Y esto lo resumiría en la siguiente sentencia: *hacer atractiva la exigencia.* Es como un mecanismo de sugestión que hace que la mente entera se predisponga a llevar a cabo esa empresa[12]. Se trata de una política de pequeños vencimientos, luchas titánicas en objetivos medibles.

---

12. Esto lo cuenta Daniel Kahneman, psicólogo, economista y premio nobel de economía en su libro *Pensar rápido, pensar despacio* (Debate, Madrid, 2010), en donde nos dice que todo está en nuestra cabeza y que es menester saberla educar para gobernar mejor nuestros sentimientos, pues la emotividad que no está tapizada por la inteligencia puede llevarnos a derroteros negativos. La motivación debe ser también educada, orientada, dirigida hacia propósitos que merezcan la pena y nos ayuden a crecer como seres humanos. Donde están tus motivaciones, allí está tu vida.

De ese modo uno se va liberando de hacer lo que le apetece o lo que le pide el cuerpo o el capricho del momento. La liberación que trae la voluntad, lo que hace es allanar el camino, quitar obstáculos de dentro y de fuera que frenan la ruta hacia el fin propuesto. *Cuando la voluntad está bien entrenada, los sueños se van haciendo realidad.* Los ríos desbordados del ardor juvenil se abren en muchos afluentes y aparece la dispersión, por eso es menester saber unificar. Ahí tienen un puesto muy especial los padres y los educadores. *Los padres no pueden pretender que sus hijos hagan cosas que ellos no practican.* Por eso su ejemplaridad es la que tira de ellos en ese camino. Y los educadores, con los que los hijos pasan en sus primeros años de vida tantas o más horas que con sus padres, han de tener en cuenta esto: *educar es convertir a alguien en persona*. Las grandes ambiciones juveniles, las mejores aventuras, nacen de un pequeño riachuelo que va creciendo y se hace caudaloso a medida que la lucha personal es más insistente. Es el alpinismo psicológico: lo importante es ir avanzando poco a poco hacia la cima, no a base de grandes escaladas, sino merced a pequeños avances. Ese debe ser el método.

4. *Para ir adquiriendo cada vez más voluntad es fundamental tener objetivos precisos, medibles, bien delimitados y estables.* Aquí hay dos ideas que quiero mencionar. Una, que el objetivo pueda uno *cuantificarlo* de alguna manera para ver cómo va. Otra, que

sea *estable*, fijo. Y que no nos desanimemos cuando se vuelve difícil o costoso[13]. *La cabeza no tolera la dispersión de objetivos*. Ni tampoco querer abarcar más de lo que uno realmente puede. Por eso produce mucha paz aplicarse uno a las *metas* que se ha marcado sin salirse de ellas.

5. *Es fundamental saber distinguir entre los conceptos desear y querer*. Tener claras sus diferencias nos ayudará a ir avanzando con paso firme. Esto lo he tratado ya, pero quiero volver a enfatizarlo para que el lector lo fije en su mente. *Desear es anhelar algo de forma próxima, rápida, con una cierta inmediatez; es más superficial y fugaz*. Por el contrario, *querer es pretender algo a más largo plazo, con objetivos claros que ayudan a progresar en el proyecto de vida; es más profundo y estable*. Lo diría de otra manera: muchos deseos son juguetes del momento. En cambio, en el querer no hay una satisfacción cercana. Es algo que se resiste a llegar y que a la larga va a traer progreso personal. Los *deseos* son muy importantes en la vida y, de suyo, no son ni buenos ni malos, sino que dependen de su contenido. Son importantes porque le dan frescura a la existencia; aprender a domesticarlos indica dominio de uno mismo. El deseo

---

13. Las personas poco maduras, igual que son inestables en su estado de ánimo, lo son también en sus objetivos, que cambian con frecuencia sin haber puesto los medios adecuados para perseguirlos. Lo mejor: pocos objetivos, concretos, medibles y a por ellos.

es siempre impulso, fuerza, tirón, movimiento apasionado que nos lanza en la dirección que el estímulo provoca. Hay dos notas en su interior: *necesidad* e *impulso*. El ser humano es un animal de deseos. Estos fogonazos momentáneos muchas veces casi automáticos nos arrastran en su marea. *El deseo es el registro primario de la afectividad. Querer es determinación, firmeza, propósito concreto, solidez en el empeño por alcanzar algo costoso de entrada y valioso de salida*[14]. En la ingeniería de la conducta la voluntad desempeña un papel decisivo. El desear y el querer se filtran por las rendijas de nuestro mapa afectivo silbando con su energía. Cuando hay un cierto nivel de madurez sabemos enfocar y dirigirnos hacia lo mejor. El adolescente y el joven se dejan llevar demasiado por los *deseos*. En la madurez se busca más el *querer* y todo lo que trae consigo.

6. *A medida que uno tiene más voluntad se gobierna mejor a sí mismo*. Esto quiere decir que no se deja llevar del estímulo inmediato que pasa por delante. El gobierno personal es uno de los grandes retos que nos elevan por encima de las circunstancias. Se consigue así *una segunda naturaleza* que opera casi sin que nos demos cuenta, porque se ha incorporado a

---

14. La contabilidad de la vida personal está hecha de reveses y aciertos. Lo importante es sacar lecciones prácticas de unos y de otros. Vivir es espíritu de superación. Lo hemos visto en ejemplos como el de Joshua, que fue condenado por asesinato. Repito, la voluntad mueve montañas y eleva a la persona hacia su realización.

uno y actúa sobre la marcha. Esto es fruto de los aprendizajes sucesivos ya expuestos. Uno ya no hace lo que le apetece, sino que da el salto: hace lo que es mejor para uno mismo. Esa es la diferencia.

7. *Una persona con voluntad alcanza las metas que se ha propuesto si es constante*. De ahí que sea tan decisiva su participación. Si la voluntad se une a la constancia da lugar a un binomio muy productivo. Pero nos vamos a la generalidad. No olvidemos que *las cinco piezas de la inteligencia auxiliar son: orden, constancia, voluntad, motivación y capacidad de observación*. Si uno es capaz de agavillarlas todas, lo va a tener más fácil. Cada una tiene su cierta independencia, pero hay una estrecha cercanía entre todas. La voluntad es más importante que la inteligencia en este contexto.
8. *Hay que conseguir una buena proporción entre objetivos e instrumentos*. Es decir, entre *qué* quiero conseguir y *cómo* hacerlo; *fines* y *medios*. Y también ser realistas y exigentes a la vez, sabiendo nuestras *aptitudes y* nuestras *limitaciones*. No pedirnos cosas imposibles[15]. *La ilusión es la realización anticipada de nuestras metas y proyectos*. Cuando la voluntad ha sido educada con esmero, estamos patrocinando la alegría. Y tenemos autoridad sobre nosotros mismos.

---

15. Una de las maneras de ser infeliz es *equivocarse en las expectativas*. Esperar tanto y más de uno mismo, de otra persona o de una circunstancia hace que la decepción esté a la vuelta de la esquina. Debemos tener aspiraciones en consonancia con nuestras posibilidades. Conocer las limitaciones nos pone en la realidad.

9. *Una voluntad fuerte es uno de los indicadores más evidentes de madurez de la personalidad.* Remito al lector interesado al tema de la personalidad y sus matices[16]. No hay que olvidar que cualquier avance de la voluntad se acrecienta con su uso y se hace más eficaz a medida que se incorpora con firmeza en el patrimonio psicológico. Una persona madura tiene voluntad, cuenta con ella, la sabe a su disposición, está siempre ahí, pronta a ponerse en funcionamiento.
10. *La educación de la voluntad no se termina nunca.* Esto quiere decir que cualquier persona es una sinfonía inacabada[17]. Haber alcanzado un nivel no quiere decir que ya lo tengamos para siempre, pues son muchas las circunstancias de la vida que pueden conducir a posiciones insólitas, a momentos difíciles, inesperados, que obliguen a reorganizar el tejido conjuntivo del *proyecto de vida personal*. Pero tengo que mencionar aquí un hecho real, contemporáneo: *la sociedad está desorientada*. Nunca se habían conseguido avances técnicos de tanta im-

---

16. Uno de los grandes profesores de Psicología de la Personalidad es Theodore Millon, catedrático de la Universidad de Florida. Dos textos suyos pueden ser muy orientativos para deslindar la madurez de lo que no lo es: *Theories of Psychopathology* (Saunders, Filadelfia, 1979); y su gran libro sobre la personalidad: *Trastornos de la personalidad. Más allá del DSM-IV* (Masson, Barcelona, 1998, sobre todo pp. 3-32 y 635 y ss.).

17. El hombre es un animal descontento. Eso de entrada. Y por otro lado toda persona siempre está por hacer. En cualquier ladera de su existencia pueden darse mejorías, ajustes, retoques. Esa es nuestra condición, y más si hablamos de esa herramienta excepcional que es la voluntad. Todo en ella puede ser perfectible.

portancia, inventos que facilitan mucho la vida, pero a la vez el hombre de nuestros días está muy perdido en la maraña de informaciones, datos y noticias, bombardeado aquí y allá por un sinfín de acontecimientos que forman una constelación de hechos diversos. El resultado es un verse abrumado y sin rumbo. Las noticias se suceden en un carrusel caleidoscópico imparable, unas se devoran a otras produciendo una especie de *bulimia* de novedades tras la cual uno se encuentra sumergido en un mar tempestuoso y desdibujado de cosas que van y que vienen. Un oleaje que a menudo no permite que uno se mantenga a flote entre tanto suceso y peripecia[18]. Por eso la voluntad hay que tenerla siempre entrenada, dispuesta a funcionar en el mejor sentido de la palabra y aplicarla a situaciones concretas. Esta sociedad está psicológicamente rota, entregada a *cuatro notas disolventes* que dejan a unos y otros sin brújula ni dirección: *hedonismo, consumismo, permisividad y relativismo*. Todos ellos unidos por el hilo que los conecta: el *materialismo*. Una persona sin remitente y sin referente.

18. Vivimos invadidos de malas noticias. Los mercaderes del sensacionalismo nos dejan aturdidos y a la vez desconcertados. Cada vez mejor informados de todo lo negativo, pues casi todo lo que es noticia es malo, trágico. Es una gigantesca ola, un tsunami arrollador. La tentación del pesimismo está a la vuelta de la esquina. Tenemos que aprender a seleccionar y al mismo tiempo a poner entre paréntesis el sensacionalismo de la prensa, que hoy se ha generalizado. Esta es una *sociedad intercomunicada y triste*.

capítulo

IX La motivación

por Marian Rojas-Estapé, psiquiatra

«El maestro que intenta enseñar sin inspirar
en el alumno el deseo de aprender está
tratando de forjar un hierro frío».
HORACE GREELEY

La motivación es un tema complejo, tan complejo como la mente, las emociones y las circunstancias que rodean al individuo. Existen diversas hipótesis que puntualizaremos a continuación.

Motivación extrínseca

Dijo Bertrand Russell que «*una buena vida es aquella inspirada por el amor y guiada por la inteligencia*». En la motivación extrínseca todo viene de fuera. Es lo que se ve, se oye, se dice o aparece en los medios de comunicación. Todo es exterior. Esta perspectiva señala que las recompensas externas y los castigos son centrales en la determinación de la motivación de las personas[1]. Los conductistas postulan que la motivación procede únicamente de estímulos externos. Es decir, *el niño es un libro en blanco*, siendo el aprendizaje todo aquello que vamos escribiendo en sus páginas. Según esta línea de pensamiento el niño o el joven carecen de motivación intrínseca o incentivo por aprender: todo viene impuesto desde el exterior. Aquí reducimos la educación a un proceso donde se insertan informaciones y lecciones que vienen de fuera. A las personas se las entrena en comportamientos y habilidades y aprenden respuestas emocionales, olvidando el interior que hay en cada uno. El conductismo olvida que existe un variado mundo interior en el que es preciso entrar para descubrir. Según esta teoría, para lograr un cambio en un comportamiento se puede aplicar el refuerzo (positivo o negativo), la supresión (no reforzar una conducta) y el castigo.

Si la motivación es puramente extrínseca acaba fracasando en el tiempo. Las personas se agotan y acaban actuando de forma automática o bien abandonando responsabilidades y la pasión por hacer las cosas, lo que conduce a una apatía y desmotivación claras.

Si analizamos las consecuencias de una educación basada en motivaciones externas, observamos la aparición de individuos egoístas que se mueven únicamente por el placer, el dinero, la ambición y la recompensa. Nada es gratis y el corazón y el amor saltan a un último plano. Como expone

---

1. Santrock, J., *Psicología de la educación*, McGraw-Hill, México, 2002.

Catherine L'Ecuyer[2], «en vez de compasión hay tolerancia; en vez de generosidad hay cumplimiento; en vez de actuar con conciencia, se actúa con conveniencia».

Motivación intrínseca

«*Busca dentro de ti la solución de todos los problemas, hasta aquellos que creas más exteriores y materiales*», dijo Amado Nervo. Esta perspectiva enfatiza la capacidad de cada persona para lograr el desarrollo de sus cualidades y características propias, la libertad de elegir un camino y una meta[3]. Se trata de un tirón que nace del interior de cada persona. Cada uno se mueve buscando algo más profundo: la satisfacción del trabajo bien hecho, generar un ambiente amable y cordial en el entorno, o un sentido digno y ético de la responsabilidad. El individuo no es solo un autómata que aprende lecciones y actúa en consecuencia: posee interés, curiosidad, ganas de indagar, de profundizar y de hacer las cosas bien con responsabilidad y criterio.

Una de las teorías humanistas más conocidas es la de Abraham H. Maslow[4], quien ordenó las necesidades humanas según una serie de criterios:

---

2. L'Ecuyer, C., *Educar en la realidad*, Perspectiva, Madrid, 2011.
3. Naranjo Pereira, M. L., «Motivación: perspectivas teóricas y algunas consideraciones de su importancia en el ámbito educativo», *Educación*, vol. 33, n.º 2, Universidad de Costa Rica San Pedro, Montes de Oca (Costa Rica), 2009, pp. 153-170.
4. Teoría psicológica propuesta por Maslow en su obra *A Theory of Human Motivation*, Sublime Books, 1943.

— Necesidades fisiológicas: son las básicas para el sustento (respiración, alimento, descanso, evitar el dolor y mantenimiento de la temperatura corporal).
— Necesidades de seguridad y protección: aseguran la integridad del propio cuerpo, así como la protección y la seguridad de recursos básicos para organizar y estructurar el entorno con el fin de lograr la supervivencia.
— Necesidad de amor y pertenencia: relacionada con nuestra naturaleza social. Somos seres que conviven y socializan, que reciben y entregan cariño y afecto.
— Necesidad de estima: es necesidad de reconocimiento, de aprecio por un lado y de valorarse y poseer una autoestima positiva y equilibrada por otro.

Maslow postuló un último nivel, el de la *motivación de crecimiento o autorrealización*. Esta se encuentra en la cúspide de la jerarquía y a través de ella se llega a un sentido pleno de la vida.

Es necesario activar el motor de la motivación interna en sus grados más elevados y plenos. Ahí surgen los sentimientos más nobles de responsabilidad, generosidad y esfuerzo. La persona busca mejorar en los distintos ámbitos de su vida (personal, sentimental, profesional o académico). Escribía Antonio Machado: «Despacito y buena letra, que el hacer las cosas bien importa más que el hacerlas».

Lo deseable es que esta motivación interna se sustente en algo grande y trascendente, que sea realmente bueno para uno mismo y para la sociedad. Decía Aristóteles que allí donde se cruzan tus talentos con las necesidades del mundo, allí está tu vocación.

Entender que la vida tiene un sentido, buscarlo sin prisa pero sin pausa y encontrarlo, da una base clara, fuerte y firme para encontrar la paz interior y los motivos para seguir adelante todos los días. Como bien decía Viktor Frankl, «el hombre se autorrealiza en la misma medida en que se compromete al cumplimiento del sentido de su vida».

La generosidad y el servicio encabezan esos valores. Solo una vida dedicada a los demás merece ser vivida. Como expresaba Rabindranath Tagore: «Dormía... Dormía y soñaba que la vida no era más que alegría. Me desperté y vi que la vida no era más que servir... Y el servir era alegría».

Por tanto *la motivación tiene que ir dirigida hacia valores como la generosidad, la solidaridad, la humildad, la honradez, la amabilidad y la alegría*. En una sociedad en la que los valores se diluyen resulta difícil conseguir motivar a las personas, ya que persiguen impulsos para su vida en aspectos que suelen estar vacíos de contenido.

«*¿Me preguntas por qué compro arroz y flores? Compro arroz para vivir y flores para tener algo por lo que vivir*», decía Confucio. Cuando existe una visión trascendente es más fácil mantener el rumbo en la vida. Albert Einstein decía que «hay dos maneras de vivir en la vida; una como si nada fuera un milagro, la otra como si todo fuera un milagro». *En la motivación interna es esencial tener modelos de identidad fuertes, sanos, atractivos y coherentes.* La figura de los padres y los maestros tiene aquí una importancia clave.

Motivación y filosofía

P. T. Young[5] define la motivación como «el proceso para despertar a la acción, sostener la actividad en progreso y regular el patrón de actividad». El psicólogo D. O. Hebb matizó que la clave de la motivación no está solo en despertarla, sino en mantenerla y dirigirla adecuadamente. Podemos entonces matizar que cuando hablamos de la motivación existen tres fases:

— La existencia y el arranque.
— La dirección y el contenido.
— Persistencia, continuidad y mantenimiento.

A lo largo de la Historia pensadores y filósofos han disertado sobre esta cuestión. Se basaron en sus propias experiencias, llegando a conclusiones muy diversas sobre los motivos del ser humano para realizar sus acciones o para tener ciertas conductas. Demos algunos ejemplos al respecto[6]:

Maquiavelo (1469-1527) observó la política de Florencia en su época. Suponía que los príncipes llegaban al gobierno por egoísmo, manejando el comportamiento del pueblo con dos principales *motivaciones*: primero el *miedo*, más fuerte y poderoso; y después el *amor*.

5. Young, P. T., *Motivation and Emotion*, Eppleton, Nueva York, 1961.
6. Cofer, C. N., Appley, M. H., *Psicología de la motivación. Teoría e investigación*, Biblioteca Técnica de Psicología, Madrid, 2011.

Hobbes (1588-1679), filósofo inglés, opinaba que los deseos (hambre, sed, sexo...) provocaban conflictos entre los hombres. Hobbes consideraba que el individuo estaba en conflicto constante con otros, en interés de sus deseos. El Estado, según su filosofía, servía para proteger al individuo de posibles ataques y para ayudarle a alcanzar sus deseos. Para Hobbes el *motivo* más fuerte del ser humano era el *miedo*.

Rousseau[7] (1712-1778) trató los sentimientos como base y *motivo* de la conducta. Su pensamiento está resumido en dos frases de sus obras: «*El hombre nace libre, pero en todos lados está encadenado*» y «*El hombre es bueno por naturaleza*». Abogó por la aplicación de un nuevo sistema de educación, una nueva actitud hacia la religión y un reconocimiento de los derechos humanos por el Estado.

Motivación y educación

Cuentan que cuando le preguntaron a Miguel Ángel sobre su maravillosa escultura de David, él respondió: «David estaba dentro de ese bloque. Yo tan solo quité lo que sobraba». La educación consiste en sacar el tesoro que llevamos dentro. Estamos cubiertos de una gran cantidad de capas, limitaciones, frustraciones que nos frenan para moldear de manera extraordinaria nuestra vida.

---

7. Escritor, filósofo, músico, botánico y naturalista. A pesar de estar ubicado en la época de la Ilustración, fue un gran revolucionario de su época.

Educar tiene dos grandes significados, según su etimología. *Educare* significa formar, instruir, inculcar valores o llevar la luz del conocimiento. La función de formar de un docente, padre o tutor es un apoyo. Educar es acompañar y dirigir. Sin embargo, es difícil motivar si nos quedamos en el *educare*. Por el contrario, *educere* significa acompañar, extraer lo mejor que hay dentro de cada persona. Hablamos de motivar al niño para que aproveche al máximo y de manera excelente sus posibilidades. No se trata únicamente de educar en negativo («esto no se hace», «por aquí no»), sino de potenciar lo positivo. Como decía Gandhi, «la verdadera educación consiste en sacar a la luz lo mejor de la persona». Como explicaba Mario Alonso Puig, «no somos cubos vacíos que hay que rellenar, sino fuego que precisa ser encendido». El gran error consiste en educar introduciendo información y pretendiendo extraer conocimientos. Esto no es solo imposible, sino que perjudica seriamente el aprendizaje en los niños. Estudian únicamente por y para las calificaciones, y no para ser mejores personas. Javier Gomá, filósofo y ensayista, escribe sobre el sistema educativo que «pretende formar profesionales en lugar de ciudadanos, tan competentes como incultos». Y añade: «lo más importante de la escuela es la convivencia y el amor al conocimiento, no su acumulación».

La educación precisa tiempo, descubrimiento, asombro, elaboración propia, interés, esfuerzo y voluntad de quien aprende. Muchos pedagogos en los últimos años han apoyado activamente el *educere*. En mi opinión este tipo de educación es más efectiva porque logra motivar a los alumnos en las diferentes edades. Tratemos la educación desde el *educere*:

1. Los niños y jóvenes no son un libro blanco en el que hay que escribir para formar en todos los campos, sino que son seres que piensan, razonan y traen experiencias y conocimientos interesantes o dignos de tomar en valor.
2. Se educa partiendo de la base de las experiencias de los chicos. Hay que enseñar a los niños y adolescentes a aprender de la propia experiencia, tomando notas de hechos y vivencias.
3. Se trabaja y se ejercita en conocer en profundidad a cada uno, sacando y desarrollando su máximo potencial. Acertaba Tomás Moro cuando apuntaba que «la educación de las personas no consiste en saber mucho o en tener mucha información, sino en haber sido expuestos a acontecimientos que nos comprometan humanamente y por lo tanto nos transformen».
4. Se muestra interés por las inquietudes de los chicos, conociendo sus pasiones, aficiones y gustos. Hay que escucharles con atención y enseñarles a pensar, a razonar, a utilizar la lógica sencilla, que luego se va complicando.
5. Hay que trabajar desde las inteligencias múltiples, conociendo los matices entre los tipos de inteligencias y sabiendo apreciar cuáles tienen más o menos desarrolladas.
6. Se debe conocer la importancia de la motivación en la educación. Un maestro que no emplea la herramienta de la motivación no llegará a despertar el asombro y las ganas por aprender de sus alumnos.

7. El *profesor* atiende y escucha las preocupaciones de sus alumnos. El *maestro* enseña lecciones que no vienen en los libros y él mismo va a servir de referente, de modelo.
8. Se debe mantener una postura abierta, positiva y flexible con respecto al aprendizaje.
9. Hay que ayudar a los alumnos a desarrollar la imaginación y la pasión para construir y moldear un futuro.
10. Se precisa de una buena dosis de psicología para entender las distintas capacidades, sin anular o juzgar personalidades diferentes o que no encajan en el sistema.

En definitiva, el buen educador sabe cómo sacar lo mejor de cada alumno y a la larga ayuda a construir seres humanos con autoestima, confianza y valores. Precisa de ciertos instrumentos como empatía, esfuerzo, aprendizaje constante, paciencia, grandes dosis de psicología para escuchar y entender, perseverancia y confianza.

Educar es seducir por encantamiento y ejemplaridad[8] y los docentes que usan estas dos herramientas tienen una gran tasa de éxito entre sus alumnos. Lo primero es *encantar*, que no es otra cosa que sorprender, sugerir, mostrar una faceta positiva que a otros ha pasado inadvertida. Lo segundo, la *ejemplaridad*, significa luchar porque entre la teoría y la práctica exista una buena relación, una buena conjunción entre lo que uno dice y hace.

---

8. Enrique Rojas, *La conquista de la voluntad*, Temas de Hoy, Madrid, 2011.

Motivación y neurociencia

En todos los campos de la vida existe el ingrediente de la motivación que incita a realizar un tipo de actividades de una manera u otra. La neurociencia busca encontrar el sustrato neuronal y bioquímico. Dentro de los estudios me enfocaré en uno realizado en el Centro de Investigación en Neurociencia Pitié-Salpêtrière, dirigido por Mathias Pessiglione y su equipo de la Unidad Inserm 975[9]. Estudiaron la influencia de la motivación en las capacidades mentales y físicas y si esos esfuerzos eran impulsados por un «centro» de la motivación o si se llevaban a cabo por diferentes partes del cerebro. El estudio se realizó a partir de voluntarios que ejecutaron una serie de pruebas recibiendo una recompensa a medida que iban superando las tareas. Existían dos tipos de pruebas: unas cognitivas (descubrir un número oculto entre varias cifras) y otra física (apretar unas manijas con fuerza según la ubicación de los números). Mathias Pessiglione y su equipo identificaron un sistema motivacional general en las profundidades del cerebro, una estructura capaz de activar cualquier tipo de esfuerzo o motivación mental o física (desde concentrarse en algo específico a levantar un peso): el estriado ventral. Realizaron resonancias magnéticas funcionales en estos voluntarios observando la activación de las

---

9. Los resultados de su estudio fueron publicados en inPLoS Biologyon, el 21 de febrero de 2012. Fue el psicólogo Paul Ekman, de la Universidad de California, uno de los pioneros en la investigación de las motivaciones. La *imaginación* toma el mando, conduce, dirige y empuja.

distintas zonas cerebrales. Cuando el esfuerzo era cognitivo, la zona activada en mayor medida era el núcleo caudado[10] y cuando se trataba de una actividad física, el putamen[11].

Existe una hormona involucrada principalmente en este proceso, la dopamina[12], sustancia bioquímica encargada del placer y de la recompensa[13].

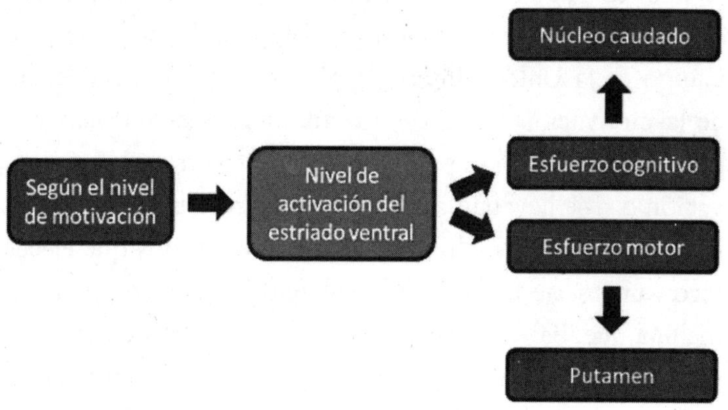

En definitiva, la *expectativa* de conseguir una recompensa o premio se codifica en la zona cerebral del estriado ventral y ahí puede producirse una activación a nivel físico o a

10. El núcleo caudado es un componente de los ganglios basales, cerca del tálamo. Hay un núcleo caudado dentro de cada hemisferio del cerebro.

11. El putamen es una estructura redonda en la base del cerebro. Es uno de los núcleos grises que constituyen los ganglios basales.

12. Los niveles altos de dopamina favorecen un aumento de la motivación, no solo del placer, como se pensaba hace unos años. **Este neurotransmisor nos empuja en busca del objetivo, de la meta o la recompensa. La dopamina es clave en el placer y en la confianza.**

13. Gan, J. O., Walton, M. E., Phillips, P. E., «Dissociable Cost and Benefit Encoding of Future Rewards by Mesolimbic Dopamine», *Nat. Neurosci.*, 13 de enero de 2010 (1).

nivel cognitivo. Por lo tanto crear esa expectativa es clave. *La capacidad de nuestra mente de imaginarse un futuro, un posible premio o logro, tiene un gran poder sobre nuestra vida.* Lo segundo es conseguir *mantener* esa motivación en el tiempo (a base de orden, constancia y voluntad) para alcanzar el objetivo marcado. Trataremos el poder de la *imaginación* y cómo conseguir *mantener* la motivación.

El poder de la imaginación

«*Yo no pinto lo que veo, pinto lo que imagino*», dijo Pablo Picasso. La imaginación es una pieza clave de la mente. Grandes personajes de la Historia se han servido de ella para crear sus obras. Einstein animaba a ejercitarla en momentos de conflicto o dificultad para salir al paso: «En los momentos de crisis solo la imaginación es más importante que el conocimiento».

Pensar es clave, es necesario. «Todo lo que somos es el resultado de lo que hemos pensado. Nos convertimos en lo que pensamos», decía Buda. La profesión de pensador y filósofo está desapareciendo, habiendo sido clave en otros momentos de la Historia. Cuentan que Henry Ford contrató a un experto en eficiencia para que estudiara la fábrica y observara qué trabajadores no eran productivos. El experto, al finalizar su labor, se acercó a Henry Ford y le dijo:

—He encontrado a una persona ineficiente. Cada vez que paso cerca de él está sentado sin hacer nada.

Henry Ford, curioso, le preguntó de quién se trataba. Al conocer el nombre contestó serio y pausado:

—Imposible. A ese hombre le pago para pensar.

La imaginación es la hermana rebelde del pensamiento. Estudios recientes muestran cómo imaginar hechos futuros puede ayudar en la puesta en marcha de la motivación. En ese proceso imaginativo está presente el hipocampo, zona encargada de la memoria y del aprendizaje. Ser imaginativos ayuda a desarrollar esa zona y refuerza el aprendizaje y la retención de datos. Ya decía Aristóteles que «cuando algún objeto deseable no está realmente presente a nuestros sentidos, ejerciendo su atracción sobre nosotros directamente, nuestra motivación para esforzarnos en obtenerlo está guiada por su imagen» (la memoria o fantasía).

El profesor de neurología Pascual Leone realizó un experimento muy interesante. Eligió dos grupos: el primero tenía que tocar con la mano derecha una pieza de piano tan fluidamente como pudiera durante dos horas, a lo largo de cinco días. Seguidamente se sometieron a una prueba de imagen para visualizar el cerebro. El neurocientífico descubrió que la zona de la corteza motora destinada a la flexión de los dedos se había modificado. El segundo grupo observaba e «imaginaba» que tocaba el piano. Es decir, los voluntarios del estudio tocaban una pieza musical en sus mentes, imaginando el movimiento de los dedos. Lo sorprendente de las pruebas fue que el segundo grupo tenía modificada la misma zona del cerebro que los que realmente habían tocado el piano. «Imaginarlo induce cambios cerebrales que en algunos aspectos son iguales a hacerlo físicamente», expresó Pascual Leone al presentar los hallazgos.

Los pensamientos repetidos pueden llegar a modificar la estructura del cerebro. Ramón y Cajal dijo que «el órgano del pensamiento es, dentro de ciertos límites, maleable y susceptible de ser perfeccionado mediante ejercicios mentales convenientemente dirigidos».

Cómo mantener la motivación[14]

«Vencerse a sí mismo un hombre es tan grande hazaña que solo el que es grande puede atreverse a ejecutarla», dijo Pedro Calderón de la Barca. Mantener la motivación es un reto difícil de lograr. La activación puede ser más asequible o sencilla, pero la perseverancia en el objetivo marcado requiere un gran esfuerzo. Prestar atención constante a nuestra meta manteniendo la concentración es un desafío. Probablemente los que más sufren esto son los jefes, líderes y profesores, quienes deben intentar motivar a su alumnos o empleados para alcanzar logros propuestos en sus

---

14. Véase: Croxson, P. L., Walton, M. E., O'Reilly, J. X., Behrens, T. E., Rushworth, M. F., «Effort-Based Cost-Benefit Valuation and the Human Brain», *J. Neurosci.*, abril de 2009 ; Schmidt, L., Lebreton, M., Cléry-Melin, M. L., Daunizeau, J., Pessiglione, M., «Neural Mechanisms Underlying Motivation of Mental Versus Physical Effort», *PLoS Biol*, febrero de 2012. Y la web: www.asociacioneducar.com/motivacion-circuito-recompensa.

equipos. Vivimos rodeados de estímulos y elementos externos de distracción que dificultan la consecución de los objetivos. En el siglo XXI quizá uno de los asuntos más complicados en la educación sean las nuevas (ya no tan nuevas) tecnologías[15].

En definitiva, mantener la motivación es sumamente importante. Me gusta cómo animaba Van Gogh a seguir con un sueño: «Si tienes una voz interior que te dice "no pintes", entonces pinta con todas tus fuerzas y verás como se silencia la voz». Claves para conseguirlo:

1. Apunta la meta o el sueño (largo plazo) y luego objetivos medibles y factibles (corto plazo) en un papel o nota. Esto te permitirá reconducir tu atención hacia la meta programada en casos de apatía o agotamiento.
2. Haz una lista de posibles recompensas que lograrás a medida que se vayan cumpliendo los objetivos trazados.
3. Anticípate a las dificultades. Prepárate ante las posibles complicaciones. Conoce los obstáculos hasta una cierta medida. Esto se tiene que realizar sin pesimismo ni desesperanza. Se trata de un sistema de protección para conocer lo negativo que te puede suceder.
4. Imagina, habla y piensa sobre la sensación y emoción tras haber conseguido la meta trazada.

15. Dedicaré un apartado para tratar el tema.

5. De vez en cuando para y valora el proceso y los resultados que has ido logrando siguiendo el consejo de Einstein: «Lo realmente importante es no dejar de cuestionarse las cosas».

Como ejemplo podemos plantear el de una persona que quiere ser médico. La carrera es larga, seis años, más el examen del MIR y los cuatro o cinco años de especialidad. Son diez o doce años de estudio como mínimo, si uno no repite curso. Pensar en esto a los dieciocho años, momento en el que hay que tomar la decisión de comenzar a estudiar, puede echar para atrás la ilusión de muchos. Aquí el mantenimiento de la motivación se trabaja pensando en la profesión, viendo de cerca la actividad médica y dando sentido al esfuerzo (curaré a personas que sufren, con dolor, con enfermedades graves...). Los objetivos a corto plazo son, en este caso, aprender asignaturas que pueden ser más atractivas en algún curso, empezar a hacer prácticas y acudir a algún hospital y observar la práctica clínica de cerca, acudir a seminarios e ir aprobando los exámenes. Requiere esfuerzo, pero la gratificación es elevada. Es difícil lograr el éxito a la primera, pero como bien escribía Miguel de Unamuno, «el modo de dar una vez en el clavo es dar cien veces en la herradura».

En conclusión, el mantenimiento de la voluntad es clave para conseguir los sueños trazados. Hay que saber que hacen falta ciertos ingredientes para lograrlo, pero que, como tantas cosas en la vida, requiere un esfuerzo y una constancia.

Síndrome amotivacional[16]

«La vida es muy peligrosa. No por las personas que hacen el mal, sino por las que se sientan a ver lo que pasa», dijo Albert Einstein. Hace unos años acudí en Barcelona al Congreso Internacional de Patología Dual, que se organiza cada dos años. Participé con un póster sobre el *síndrome amotivacional*. Se define como un cuadro físico y psicológico que se mueve entre la pasividad y la indiferencia en personas consumidoras habituales de cannabis. Fue descrito por primera vez en el año 1968, a pesar de que la OMS no reconoce su existencia como entidad médica, pero existen numerosos artículos y publicaciones al respecto. La OMS (en 1948) describió el cannabis como una sustancia que tenía consecuencias peligrosas en el organismo a nivel físico, psicológico y social, pero hoy en día su consumo está extendido y se desconocen muchos de los efectos de esta droga en el cuerpo. El DSM-5[17] no describe el síndrome como tal, pero apunta que las personas consumidoras crónicas de

---

16. El lector puede consultar al respecto las siguientes obras: Bovasso, G. B., «Cannabis Abuse as a Risk Factor for Depressive Symptoms». *Am. J. Psychiatry*, 158, 2001; Cadet, J. L. *et al.*, «Neurological Assessment of Marijuana Users», *Methods Mol. Med.*, 2006; Patton, G. C. *et al.*, «Cannabis Use and Mental Health in Young People: Cohort Study», *BMJ*, 2002; Tziraki, S., «Trastornos mentales y afectación neuropsicológica relacionados con el uso crónico de cannabis», *Rev. Neurol.*, 54, 2012; Rovai *et al.*, «Negative Dimension in Psychiatry. Amotivational Syndrome as a Paradigm of Negative Symptoms in Substance Abuse», *Riv. Psichiatr.*, enero-febrero de 2013. También en la web: www.lifeder.com/sindrome-amotivacional/.

17. Libro de referencia de las enfermedades mentales publicado por la American Psychiatric Association.

cannabis pueden presentar un síndrome distímico con síntomas como letargia, anhedonia y alteraciones del humor.

Este síndrome tiene la capacidad de producir alteraciones en diferentes parcelas, desde cambios en la conducta, déficits cognitivos y síntomas psicopatológicos de distinta índole que describimos con el caso de una paciente que acude a consulta.

Raquel es una mujer de treinta y seis años que convive con su pareja, Luis, desde hace siete años. Tienen dos niños de dos y cuatro años. Trabaja en un supermercado como dependienta desde hace dos años. Consume marihuana de forma habitual desde los quince años. Comenzó porque todos los chicos de su instituto consumían, pero desde entonces no ha sido capaz de dejarlo nunca de forma definitiva. Lo intentó durante su primer embarazo, pero sin éxito. Acude a su médico por sensación de cansancio, dificultades en la concentración, alteración en el sueño y sensación de apatía y falta de ilusión. Describe su día como una carga: «Nada me apetece y no tengo ganas de hacer cosas, no disfruto con casi nada y todo me cansa». Se plantea dejar el trabajo, pero necesita el dinero y «acudo de manera automática todos los días. No siento nada, no me ilusiona, quizá tenga una depresión». El médico le explica que la marihuana consumida de manera crónica afecta al cerebro y puede ser la causa de su estado.

Cuando una persona pierde la ilusión, la capacidad de disfrutar de las cosas pequeñas y no tan pequeñas de la vida, en el contexto de consumo de cannabis, estamos hablando de un posible *síndrome amotivacional*. Los síntomas son:

— Apatía: estado de desinterés con tintes de tristeza sin llegar a ser una depresión.
— Bajada de concentración con dificultad para prestar atención a lo que le rodea. Le cuesta centrarse en los estímulos externos.
— Pasividad: la persona se convierte en sujeto pasivo de todo lo que sucede a su alrededor.
— Ganas de estar solo, ya que pierde el interés por los demás.
— Falta de voluntad, abulia.
— Dificultad para sentir emociones. Aunque le den buenas o malas noticias, sentirá poco o casi nada. Le costará vincularse emocionalmente con otras personas.
— Incapacidad de disfrutar, anhedonia.
— Disminución y fallos de memoria: se produce un deterioro de la memoria a corto plazo.
— Dificultad para realizar tareas complejas.
— Pocas ganas de trabajar, estudiar o realizar una actividad.
— Inhibición de la vida sexual: está relacionado con el consumo y con el estilo de vida que se acaba adquiriendo.
— Imposibilidad de planificar. Resulta difícil plantear objetivos y metas.

Es importante saber que, a pesar de que este síndrome tenga rasgos y síntomas similares a la depresión, no se trata de lo mismo. El *síndrome amotivacional* no suele responder a antidepresivos convencionales[18]. La persona con depresión sabe y describe su estado y es consciente de estar padeciendo una enfermedad, mientras que la persona con un síndrome amotivacional no es consciente (las drogas ocultan y diluyen la conciencia, evadiendo la capacidad de percibir el estado). Las personas con este problema no suelen solicitar ayuda médica o psicológica porque no son plenamente conscientes de su estado.

La causa no se conoce con exactitud, pero se acepta la relación con el consumo de drogas, especialmente cannabis. Podría tener relación con una alteración producida por las drogas en la zona frontal del cerebro, encargada de planificar, tomar decisiones y razonar.

La curación comienza cesando el consumo. Existen algunas medicaciones que pueden ayudar, pero no suelen ser muy efectivas. La psicoterapia de tipo cognitivo-conductual es beneficiosa, pues refuerza a la persona a tomar conciencia, cumplir objetivos y volver a ilusionarse por la vida.

Motivación, ilusión y optimismo

«No rechaces tus sueños. Sin la ilusión, ¿el mundo qué sería?», dijo Ramón de Campoamor. «Si quieres construir un barco, no pidas a los hombres que busquen madera, ni les

---

18. En muchas ocasiones se trata con medicación obteniendo alguna ligera mejoría, pero no se consigue la remisión completa con medicación. Únicamente con el cese del consumo.

des órdenes, ni dividas el trabajo. En lugar de esto, enséñales a añorar la otra orilla del eterno mar», dijo Antoine de Saint-Exupéry. Se puede educar en el optimismo. Se puede aprender a ser felices y encontrar un sentido a la vida. *No olvidemos que cualquier situación puede verse en clave de problema o en clave de solución.* Todo se encuentra en el filtro con el que decidimos observar la realidad. Si decidimos, *es una actitud ante la vida.* El optimismo llama al optimismo. Como bien dice Vicente del Bosque: «El éxito es efímero. Lo que queda es el comportamiento y la actitud ante la vida». *Comencemos un camino hacia el aprendizaje del optimismo:*

1. *Cambia el lenguaje.* Usa palabras que evoquen emociones, pensamientos y recuerdos positivos. Palabras que llamen a la ilusión, que despierten tu alma. Comienza empleando términos que evoquen alegría, como son esperanza, felicidad, confianza y amor. Si nos fijamos y prestamos atención, el discurso de muchas personas que nos rodean, sin hablar de los políticos o periodistas, está plagado de críticas, palabras duras y agresivas. Cada palabra tiene un impacto y genera una emoción. Pongamos un ejemplo: sustituye *problema* por *desafío; obstáculo* por *prueba*; *imposible* por *quizá.* Es el principio, pero como decía Lao Tsé, «un viaje de mil millas comienza con un primer paso».
2. *Sorpréndete.* «Sorprendernos por algo es el primer paso de la mente hacia el descubrimiento», postula-

ba el gran sabio Louis Pasteur. Para ello es fundamental aprender a mirar. *Saber mirar es saber amar*[19]. Decía Eugenio d'Ors que basta mirar algo con atención para que se vuelva interesante. El asombro, la sorpresa y el misterio van unidos de la mano. Decía Einstein que «el misterio es la cosa más bonita que podemos experimentar. Es la fuente de todo arte y ciencia verdaderos. La mente intuitiva es un regalo sagrado y la mente racional es un fiel sirviente. Hemos creado una sociedad que rinde homenajes al sirviente y ha olvidado el regalo». Hay que desarrollar la curiosidad en los niños y no perder nunca las ganas de aprender y entender. La clave del conocimiento y del aprendizaje es no dejar de sorprenderse y realizarse las preguntas adecuadas. No soltar la curiosidad, la curiosidad positiva. Me atrae esa edad de los niños donde preguntan el porqué de todo. Agotan a los padres, pero padecen una sed insaciable de saber. Hace unos años vino Teresa, una niña de ocho años, a mi consulta. Acudía derivada por la orientadora de su colegio. Me dijo que se encontraba frustrada porque su profesora no resolvía sus dudas. Ella le preguntaba el porqué del color azul del cielo y la maestra respondía que «era así desde siempre». Teresa no dejaba de preguntar por esta y otras cuestiones a la profesora hasta que llamó a los padres para

19. Enrique Rojas, *No te rindas*, Temas de Hoy, Madrid, 2011.

pedir que la niña fuera evaluada por un psicólogo, porque «era muy rara y complicada de cabeza». Cuando la vi en mi consulta, su frase era: «Si voy a un colegio, espero que la profesora pueda responder a preguntas básicas sobre la vida». Esta niña quería aprender. Practicaba la «curiosidad sana», no esa que define la RAE como «*deseo de saber o averiguar*». Su curiosidad era la positiva, la que nos empuja a adentrarnos en el conocimiento. Me encanta esa gente que no acepta la realidad como evidente, sino que se sorprende día a día. Quizá uno de los padres de la curiosidad era Sancho Panza, que necesitaba saberlo todo y entender las andanzas de su maestro Don Quijote. La curiosidad nos lleva por el camino de vuelta a la infancia.

3. *Agradecimiento*. «Mientras el río corra, los montes hagan sombra y en el cielo haya estrellas, debe durar la memoria del beneficio recibido en la mente del hombre agradecido», decía Virgilio. *El agradecimiento es la memoria del corazón*. Las personas agradecidas son más felices y vuelcan un torrente de emociones positivas en los que les rodean. Es clave aprender a ser agradecidos, tanto por las personas cercanas como por las circunstancias y, en caso de tener una visión espiritual de la vida, por lo bueno que nos sucede. El agradecido suele ser una persona optimista porque valora lo que tiene. Como decía Epicteto, «el hombre sabio es el que no se aflige por las cosas que no tiene, sino que se regocija de lo que

dispone». La vida nos aporta constantes oportunidades para ser agradecidos, valorar a las personas de nuestro entorno y apreciar el amor y cariño que nos entregan. Octavio Paz, al recibir el Premio Nobel de Literatura en 1990, advirtió: «Comienzo con una palabra que todos los hombres, desde que el hombre es hombre, han proferido: gracias. Es una palabra que tiene equivalentes en todas las lenguas. Y en todas es rica la gama de significados. En las lenguas romances va de lo espiritual a lo físico, de la gracia que concede Dios a los hombres para salvarlos del error y la muerte a la gracia corporal de la muchacha que baila o a la del felino que salta en la maleza. Gracia es perdón, indulto, favor, beneficio, nombre, inspiración, felicidad en el estilo de hablar o de pintar, ademán que revela las buenas maneras y, en fin, acto que expresa bondad de alma. La gracia es gratuita, es un don; aquel que lo recibe, el agraciado, si no es un mal nacido, lo agradece: da las gracias». Existen estudios neurocientíficos sobre el efecto de la gratitud en el cerebro. Según una investigación de la Universidad de Southern California dirigida por Glenn R. Fox, el agradecimiento se traduce en una conexión de distintas áreas del cerebro que parecen fortalecer la naturaleza humana[20]. En este proceso de agradecimiento

---

20. Más información en las webs https://www.psychologytoday.com/blog/the-athletes-way/201510/small-acts-generosity-and-the-neuroscience-gratitude; http://journal.frontiersin.org/article/10.3389/fpsyg.2015.01491/abstract.

intervienen las regiones cerebrales del córtex cingulado y la corteza prefrontal[21] relacionadas con la cognición moral, los juicios de valor y la abstracción. El estudio muestra el circuito de la mente relacionado con la gratitud y las emociones positivas, la satisfacción y el bienestar.

4. *No te quejes*. El escritor italiano Hugo Ojetti decía: «Quejarse es el pasatiempo de los incapaces». Yo más bien lo definiría como un deporte nacional (o internacional). La queja es una llamada de atención que consigue lo contrario de lo que pretende, ya que los demás se acaban apartando. Es fundamental frenar la ola de quejas que invaden nuestro día a día, porque toda vida es complicada y las personas se equivocan siempre en algún momento. La perfección no existe y la mentalidad asentada de queja o crítica te lleva a exponer tus pensamientos verbalmente creando un ambiente tóxico en tu entorno. Consejo: acepta las situaciones, sigue adelante y sobre todo comienza a fijarte en lo bueno de las cosas. Notarás un cambio en tu manera de hablar de la realidad y de tratar a los demás.
5. *Fíjate metas y objetivos. Sueña en grande, actúa en pequeño*. Deja a tu corazón volar y luego realiza un plan de acción con una buena estrategia. Si la meta parece inalcanzable, fíjate pequeños objetivos. Decía Aristóteles: «No hay viento favorable para quien no

21. La corteza prefrontal es uno de los centros de psicología positiva y optimismo del cerebro.

sabe a dónde va». Si no tenemos un plan, un sueño, acabamos siendo esclavos de lo inmediato. En la película *En busca de la felicidad* Will Smith le da una lección a su hijo: «Si tienes un sueño, tienes que protegerlo. Las personas que no son capaces de hacer algo te dirán que tú tampoco puedes». Según un estudio publicado en la revista *Psychosomatic Medicine*, las personas que tienen un propósito en la vida tienen menos riesgo de sufrir enfermedades cardiovasculares[22]. La visión sobre una meta en el futuro puede plantearse como algo cercano y aparentemente factible (ir a comprar algo, una comida...) o lejano y complejo (aprobar unas oposiciones, terminar una carrera o encontrar un trabajo). Pero imaginarse la recompensa no es difícil. Lo complicado es mantener la tensión, la concentración y el ánimo y no dejarse llevar por la pereza, la desidia, la rutina o la aparición de obstáculos.

6. *Cree en la inspiración.* «La inspiración existe, pero tiene que encontrarte trabajando», postulaba Pablo Picasso. La inspiración sucede cuando una canción, un libro, una persona, un paisaje o el silencio te tocan el interior y te sitúan en un estado de productividad mental. *Inspirare* en latín significa «respirar

---

22. El estudio ha sido realizado por Randy Cohen, Alan Rozanski y sus colegas del Hospital Monte Sinaí San Lucas-Roosevelt de Nueva York. Fue publicado por la revista *Psychosomatic Medicine*, n.º 78 (2), febrero-marzo de 2016.

hacia dentro, excitar o implantar». No hay que magnificar el efecto de la inspiración, pero no viene mal de vez en cuando acercarse a situaciones que puedan activar esa fuerza impulsora. Desde una conferencia, un libro, un concierto de música o simplemente un paseo por la naturaleza. Las mejores ideas surgen en la soledad. Los ingleses, de manera simpática, dicen que el hombre piensa y se inspira en las tres bes: *bed*, *bath* y *bus* (cama, baño y autobús). Son los lugares en los que uno no es interrumpido. Disfruta del silencio creativo agradecido, asombrado, y vuelve al ruido con otro talante en tu interior.

7. *Aprende a disfrutar, vive con pasión*. «Os doy mi palabra de que nos esforzaremos al máximo. No sé si ganaremos, pero lo intentaremos. ¡Abrochaos los cinturones, lo pasaremos bien!» Son palabras del exentrenador Pep Guardiola al llegar al Fútbol Club Barcelona. Nadie podía imaginar que vaticinaban el inicio de una nueva era en el equipo. No hay que olvidar que trabajar con motivación, ilusión y pasión puede elevar a la persona y conseguir grandes logros personales. «Vive como si fueras a morir mañana y aprende como si fueras a vivir para siempre», dijo Gandhi. En esta vida hay que aprender a vivir disfrutando el momento, ese *carpe diem* tan citado a lo largo de la Historia. Hay pocas cosas más frustrantes que darse cuenta de que la vida se nos ha escapado de las manos y no hemos sido capaces de saborear sus momentos dulces y amargos.

8. *Arriésgate un poco más*. Elisabeth Kübler-Ross, psiquiatra y escritora suizo-estadounidense, es una de las mayores expertas en la muerte y los cuidados paliativos. En sus estudios y experiencias con personas que se encontraban cercanas a la muerte preguntaba sobre qué cambiarían si volvieran a vivir. La respuesta más frecuente era: «*Me arriesgaría más*». Los argumentos al respecto eran: «Porque aquello que quería hacer y no lo dije por miedo, aquello que quería decir y no lo hice por temor, aquella expresión de afecto que reprimí por un sentido del ridículo excesivo, en estos momentos me parecen una tontería absoluta ante el hecho de morirme». Paremos un instante. Quizá debemos dar un paso hacia adelante. Sueña, sueña más y permítete vivir la vida con más pasión, ilusión e intensidad. Cuando tu cabeza se agote, tu cuerpo no te responda, pon el corazón. Él hará el resto.

Optimismo y ciencia

Hoy en día se conocen los efectos beneficiosos del optimismo en el cerebro. Ramón y Cajal, premio nobel de medicina en 1906, postulaba que «todo ser humano, si se lo propone, puede ser escultor de su propio cerebro». La ilusión y la motivación activan la neuroplasticidad cerebral. En concreto conocemos *las espinas dendríticas* de las neuronas, que son fundamentales en la comunicación cerebral y en la formación de nuevas conexiones sinápticas. Pues bien, aumentan en las personas que practican el optimismo. Es decir, nuestro cerebro es plástico, maleable, puede cambiar y modificarse según los estímulos, aprendizajes, pensamientos y circunstancias del entorno. A esto se le denomina *neuroplasticidad cerebral* y permite que tras un periodo de entrenamiento y ejercicio de la memoria aumente el número de espinas dendríticas.

Se puede entrenar el cerebro y esta tiene que ser una tarea fundamental de cada uno. No olvidemos que el estado del cerebro determina la calidad de la vida. Nacen nuevas neuronas todos los días, así que el futuro de nuestro cerebro está en nuestras manos. Me gusta la expresión *antiaging mental*. En contra de todo lo escuchado sobre el *antiaging* físico, el mental previene de enfermedades discapacitantes como pueden ser alzhéimer, párkinson o la depresión y la ansiedad. Si conseguimos ejercitar nuestro cerebro de manera eficaz contaremos con mejores habilidades cognitivas. Gracias a ello se producirá un aumento del cableado cerebral.

Con el optimismo se produce la creación y el movimiento de neuronas, el proceso denominado neurogénesis[23]. El pionero en su estudio fue Fred Gage, del Instituto Salk en Estados Unidos, que lleva varios años investigando sobre este proceso y defiende la importancia de la estimulación[24],

---

23. Se sabe que una actitud optimista activa la creación de nuevas neuronas en tres semanas.

24. La meditación tiene un impacto muy positivo en el cerebro y los beneficios no dejan de descubrirse. Te recomiendo que dediques de cinco a diez minutos al día a esta tarea. Conecta contigo mismo y respira mientras percibes y

el ejercicio físico y la meditación para fomentar la neurogénesis[25].

¿Cómo motivar a los jóvenes con las (no tan) nuevas tecnologías?

«*Mamá, me aburro en el colegio*», grita con desesperación Laura mientras juega con el iPad de su padre. «*Doctora, mi hijo no se motiva con nada. ¿No tendrá una pastilla para esto?*» Son comentarios frecuentes expresados por muchas familias hoy en día. Recibo peticiones de padres en mi consulta preguntando sobre la pastilla mágica que despertará el deseo o las ganas de estudiar o aprender en sus hijos. No existe esa pastilla, pero conocemos potentes factores de distracción que anulan la capacidad de asombro y motivación en niños y jóvenes.

¿Qué dicen los estudios? La Academia Americana de Pediatría[26] recomienda evitar que los niños vean pantallas hasta los dos años, por considerar que los estudios señalan más efectos perjudiciales que positivos. Entramos en la gran

---

sientes las diferentes partes de tu cuerpo. Deja tu mente en actitud de abandono. El *mindfulness* te aportará grandes mejorías en tu salud física y psicológica.

25. Se ha demostrado que la estimulación y el ejercicio físico pueden multiplicar por tres el número de neuronas en el hipocampo (zona del aprendizaje y de la memoria). El ejercicio físico produce un gran beneficio en la neuroplasticidad. Durante el ejercicio se segrega BDNF (Brain Derived Neurotrophic Factor), que activa la neurogénesis y la conexión entre las neuronas.

26. American Academy of Pediatrics, «Policy Statement on Media Use by Children Younger than 2 Years», *Pediatrics*, 128 (5), 2011, pp. 1040-1045.

cuestión que interesa a padres, profesores y terapeutas: conseguir que los niños y jóvenes de hoy en día consigan motivarse. Buscamos todo tipo de artilugios, cada vez más complejos, para llenar el día a día (tablets, iPads, juegos interactivos...) pero aun así no lo conseguimos. Como bien señala Catherine L'Ecuyer, «a veces parece que los padres pertenezcamos más al sector del entretenimiento que al de la educación». La tasa de abandono escolar en España sigue siendo de las más altas y es uno de los países que han introducido de manera más rápida las «nuevas» tecnologías en las aulas.

Cuando mi hijo tenía seis meses e iba de paseo con el carrito al parque, me sorprendía verle embobado mirando las hojas de los árboles. Un día, meses más tarde, de nuevo en el parque, y ya caminando, fue directo a un arbusto y cogió unas ramas sueltas. Se sentó y dedicó varios minutos a tocar las hojas, observándolas con detenimiento. A mi lado, una madre le enseñaba un vídeo en el iPad a su hijo de la misma edad.

Nos encontramos en la era del exceso de información. Cualquier niño de nuestro entorno ha recibido más información y estímulos que cualquier otro ser humano a lo largo de la Historia. Están expuestos a imágenes, sonidos, sabores entremezclados y variados, y muchos de esos estímulos se encuentran en una simple pantalla. *Sí, es la era del exceso de información y del déficit claro de formación.* La educación, tema clave en la vida, posee grandes carencias. Como decía Neil deGrasse Tyson, «pasamos el primer año de la vida de un niño enseñándole a caminar y a hablar, y el resto de su vida a guardar silencio y sentarse. Algo no funciona bien». No olvidemos que uno de los argumentos para usar la tecnología en colegios y hogares es la búsqueda de motivación de los jóvenes

¿Cuál es el problema del exceso de estímulos?

Los niños y jóvenes de hoy en día tienen lo que se ha denominado «síndrome de sobreestimulación». Lo explica de manera muy clara Guillermo Cánovas en un artículo[27]. Los niños de hoy en día no solo reciben los estímulos habituales de su entorno, sino que «en muchas ocasiones nos empeñamos en enriquecerlo y llenar absolutamente todo su tiempo con más actividades. Un tiempo libre absolutamente copado, que se combina con histriónicas series de dibujos animados, estridentes partidas de videojuegos en 3D y todo tipo de aplicaciones para llenar sus móviles, tabletas y cabezas». Esta sobreestimulación produce:

— Tolerancia: el organismo se acostumbra a recibir grandes dosis de estímulos visuales y auditivos y cada vez necesita más. Busca más videojuegos, más violencia, más sonido, más... de todo.

---

27. Guillermo Cánovas, director de *Protégeles*, escribe artículos e imparte conferencias sobre Internet, educación y cerebro. Puede verse parte de su trabajo en http://kidsandteensonline.com/2015/02/24/mama-no-puedo-parar-los-pensamientos-que-me-llegan-a-la-cabeza/.

— Nerviosismo y ansiedad con tintes de irritabilidad.
— Mayor agresividad.
— Hiperactividad difícilmente controlable[28].
— Desmotivación.
— Poca creatividad o imaginación. La realidad les aburre y anula.
— Problemas de concentración.
— Sensación de pensamientos rápidos o fuga de ideas: «Mamá, no paro de recibir pensamientos en mi cabeza».
— Insomnio.

Adicción a las «nuevas» tecnologías (TIC)

Las tecnologías de la información y de la comunicación (TIC) están destinadas a facilitarnos la vida, pero pueden acabar complicándola. Se está investigando el efecto que producen las TIC en el cerebro, en el aprendizaje y en la conducta. Se sabe que generan una sensación de placer breve que se disipa en el tiempo. Similar al efecto de algunas drogas, la «adicción a Internet»[29] se ha propuesto como una patología que abarca la pérdida de control sobre los dispositivos o las redes y el uso perjudicial de la tecno-

---

28. Existen casos de niños con TDAH en los que parte de su hiperactividad proviene de esta sobreestimulación.

29. Echeburúa, E., De Corral, P., «Adicción a las nuevas tecnologías y a las redes sociales en jóvenes: un nuevo reto», *Adicciones*, n.º 22 (2), 2010.

logía poniendo en riesgo la vida personal, familiar o laboral[30].

Sabemos que los jóvenes españoles viven enganchados a las TIC[31]. Forman parte de sus vidas desde muy pronto y resulta muy difícil desconectarles. Nos encontramos ante el «efecto pantalla». No se trata de anularles y boicotear una herramienta clave del siglo XXI, pero hay que saber educar en el mundo de la tecnología y la pantalla. Steve Jobs, en el año 2010, concedió una entrevista a Nick Bilton, periodista de *The New York Times*, sobre el último artilugio que había sacado al mercado.

—¿Sus hijos adoran el iPad? —le preguntó.

La respuesta fue cuanto menos sorprendente:

—No lo usan. En casa limitamos la cantidad de tecnología que usan nuestros hijos.

Nick Bilton, impresionado ante estas declaraciones, consultó con el biógrafo de Steve Jobs, Walter Isaacson, sobre este asunto, el cual le respondió: «Cada noche Steve reunía

---

30. Pérez de los Cobos Peris, J., «Tratamiento farmacológico de los trastornos y cambios de personalidad concomitantes a una adicción» (Pharmacological Treatment of Personality Changes and Disorders when Associated with an Addiction), Unidad de Conductas Adictivas, Servicio de Psiquiatría, Hospital de la Santa Creu i Sant Pau, Barcelona.

31. Según un estudio realizado por la Fundación Pfizer (2009), el 98% de los jóvenes españoles de once a veinte años es usuario de Internet. Siete de cada diez afirman acceder a la red por un tiempo diario de, al menos, una hora y media (Johansson y Götestam, 2004; Muñoz-Rivas, Navarro y Ortega, 2003).

a su familia en la mesa de la cocina y discutían sobre libros, historia y muchas otras cosas. Nadie sacaba nunca un ordenador o un iPad. Los niños no eran unos adictos a esos dispositivos». Steve Jobs no es el único preocupado ante el efecto pantalla en el aprendizaje de sus hijos. Otros directivos de empresas tecnológicas limitan el uso que hacen sus hijos de las tecnologías.

Hace unos meses el periódico *El País* publicaba un interesante artículo[32]: «Sin ordenadores ni wifi: así son los colegios que triunfan en Silicon Valley». En lugares como California, donde se asientan las grandes empresas como Google, Apple o Microsoft, proliferan los colegios con una pedagogía basada en el mundo real, el lápiz, el papel y herramientas como el asombro, la naturaleza y la curiosidad. Citaré unas palabras del director de la OCDE (Organización para la Cooperación y el Desarrollo Económicos) publicadas en *The Guardian*, donde sugiere que los sistemas de educación que han invertido mucho en ordenadores han registrado una «insignificante mejora» en sus resultados de lectura, matemáticas y ciencias tras observar los resultados PISA[33]. Beverly Amico, director de un colegio que usa el sistema Waldorf, expresa que «los estudiantes criados con tecnología acusan a menudo poca disposición para pensar de forma distinta y resolver problemas. Habilidades como tomar

---

32. Véase la página http://smoda.elpais.com/moda/llevarias-a-tu-hijo-a-una-escuela-donde-el-decide-lo-que-estudiar/.

33. Andreas Schleicher, director de educación de la OCDE, ha expresado que «los mejores sistemas educativos han sido muy cautos a la hora de usar tecnología en las aulas».

decisiones, la creatividad o la concentración son mucho más importantes que saber manejar un iPad o rellenar una hoja de Excel, sin contar con que la tecnología que utilizamos ahora resultará primitiva y obsoleta en el mundo del mañana».

Existen estudios fiables sobre la falta de beneficios en el uso de la tablet en las aulas para motivar a los alumnos[34]. La intención de los profesores y educadores puede ser buena, pero a día de hoy los resultados reclaman prudencia y responsabilidad. Habrá que estar atentos a los avances científicos y a los estudios sobre el efecto de las pantallas en el aprendizaje y el desarrollo del cerebro[35].

¿Motivarse desde el sufrimiento?

Parte de la vida consiste en sufrir. Algunos sufrimientos son cortos en el tiempo y otros nos acompañan a lo largo de los años (un cáncer, un hijo con problemas, un trabajo precario...). Las personas con un mayor grado de fortaleza son las que han padecido a lo largo de su vida. Einstein decía al respecto que «las desgracias le sientan a la humanidad mucho mejor que el éxito». O, en palabras de Enrique Rojas, «el fracaso enseña lo que el éxito oculta». Tra-

34. Véase al respecto la página http://www.elmundo.es/espana/2015/09/15/55f71deb46163fbd058b458f.html.

35. Recomiendo la lectura actualizada y pormenorizada del libro *Educar en la realidad*, de Catherine L'Ecuyer.

bajemos y ahondemos con detalle en un personaje que sufrió y aceptó el sufrimiento como clave para su éxito: Nelson Mandela.

El caso de Nelson Mandela

El otro ejemplo que quiero traer a colación es el caso de Nelson Mandela. Estoy hablando de la importancia que tiene esta segunda herramienta de la *inteligencia instrumental* o *auxiliar*, la *constancia.* Nos trasladamos a la Sudáfrica de hace unos años y al tristemente célebre *apartheid*. Un país habitado por cinco millones de blancos y veinticinco millones de negros en un territorio como dos veces y media Francia. Un subsuelo repleto de oro y diamantes en un régimen que condena a dos de cada tres niños negros o mestizos a caminar descalzos hasta la escuela, siempre y cuando exista una escuela. Un país de mayoría negra pobre gobernado por una minoría blanca que desprecia y maltrata a la mayoría negra. Un país que produce más acero, carbón cobre, uranio y maderas preciosas que la India o Brasil, pero que no alcanza a dar un plato de comida a sus niños negros. Un país dotado de infraestructuras modernas, ferroviarias y aéreas, como muchas naciones europeas, pero que ve cómo se mueren de hambre física y cultural millones de negros que viven en sórdidos guetos.

En mayo de 1948 veinticinco millones de negros siguen sin derecho al voto en las elecciones de ese año y se sienten indignados. Mandela se erige como líder para reivindicar los derechos esenciales. Aprovechando el viento de libertad posterior a la II Guerra Mundial, Mandela dice: «Esperamos que el Gobierno y todos los sudafricanos corrientes comprendan que los principios por los que luchaban en Europa eran los mismos por los que nosotros luchamos en nuestro país»[36]. A él se unen otros dos hombres decididos a luchar contra la opresión blanca: Oliver Tambo y Walter Sisulu, junto a un puñado de jóvenes militantes que crean la Youth League que reúne a todas las tribus en una sola nación: «La liberación nacional de los africanos será llevada a cabo por los propios africanos en su laboratorio de ideas».

Los que gobiernan publican una especie de clasificación racial, por medio de las agencias abiertas en todo el país, sobre la raza de cualquier sudafricano y se decide dividir a la población en blancos, negros, mestizos y asiáticos. Dentro de los mestizos se cuentan al menos siete categorías según el color más o menos oscuro de su piel y realizan la llamada «prueba del lápiz»: buscan la pigmentación alrededor de las uñas y en el contorno de los ojos. Durante el primer año del *apartheid* esas comisiones de clasificación obligaron a muchos a «cambiarse» de raza. Al mismo tiempo se excluye a los negros de las universidades y se les impide ir a ceremonias de culto en las iglesias blancas. Si van, tienen que ponerse al fondo del templo.

Es en esas circunstancias tan terribles donde Mandela, Sisulu y Tambo deciden combatir la tiranía del gobierno

---

36. Esta cita proviene de su autobiografía *Long Walk to Freedom*, Little, Brown and Company, Londres, 2003. La versión española es *Un camino nada fácil hacia la libertad*, Zanzíbar, Madrid, 2005.

blanco. En 1961 Mandela decide pasar a la lucha armada. Y en 1964 es condenado a trabajos forzados a perpetuidad en la isla de Robben, donde permaneció hasta 1990, año en que fue liberado. Fueron veintiséis años los que pasó encarcelado en unas condiciones de vida terribles. ¡La isla de Robben! Un gulag, un lugar aterrador sobrevolado por muchas aves migratorias, batido por aguas infestadas de tiburones, situado en el extremo sur de África, frente a la montaña de la Mesa y la espléndida bahía de Ciudad del Cabo. La isla mide cuatro por seis kilómetros. Es gélida en invierno y muy calurosa en verano. Con anterioridad fue lugar de refugio de enfermos mentales y leprosos, pero luego fue una cárcel donde se hacinaban en torno a un millar de personas, sobre todo presos políticos juzgados de forma ridícula por los tribunales del *apartheid*. Doscientos cincuenta guardias blancos, seleccionados por ser maestros en el trato inhumano y vejatorio, se encargaban de la vigilancia. Muchos políticos sufrían condena a cadena perpetua[37]. Nelson acabó en una celda de seguridad. Eran parecidas a jaulas de un metro ochenta de largo y un metro veinte de ancho, con una estera desenrollada que servía de cama, un cubo y en el techo una bombilla encendida día y noche. Mandela, cuando entra en prisión, tiene cuarenta y seis años.

---

37. En la entrada de Auschwitz se encontraba la siguiente inscripción: *Arbeit macht frei* («El trabajo te hace libre»). Los arquitectos del *apartheid* pusieron: *Robben eiland, ons niet met trop* («Estamos orgullosos de servir en la isla de Robben»).

El programa que se sigue en la isla de Robben quiere conseguir, «científicamente», que una persona se desintegre: la brutal monotonía de los días milimétricamente iguales, los silbatos, los gritos de los guardias, la comida infame contaminada por la orina de los guardianes y cada día, cada semana y cada mes exactamente igual a los anteriores. El principal trabajo es romper bloques de cal durante unas diez horas. Se recibe una carta cada seis meses, aunque Mandela tuvo que esperar nueve para que le llegaran unas líneas de Winnie, su mujer. El sadismo es tal que se la entregan medio rota y casi solo con la despedida final. Él vive preocupado por su mujer y por la salud de su madre anciana y el futuro de sus hijos. Hay una firme voluntad de destruir al preso político y en especial a Mandela. Su existencia es una pesadilla permanente.

Un buen día dos inspectores de la policía secreta se presentan en casa de Winnie, que vive bajo vigilancia en la lejana provincia de Transkei y le anuncian que podrá ver a su marido al día siguiente por la tarde. Va en avión hasta Ciudad del Cabo y no se le permite llevar nada de equipaje. Llena de emoción, se pone el vestido que llevaba el día de su boda. Antes de embarcarse para la isla es interrogada y cacheada de forma humillante, recibiendo insultos duros por parte de la policía. Llega a un locutorio sin ventanas, una habitación dividida en dos partes separadas por un cristal deformante, con dos altavoces a cada lado y un tercero conectado con el guardia, que está vigilando para espiar la conversación. La duración del encuentro es de treinta minutos, con la obligación de evitar temas familiares y, por supuesto, sin hablar la lengua propia, el xhosa, pues en ese caso la entrevista será cortada sobre la marcha. Mandela ve a Winnie sin poder tocarla. En un momento dado Nelson se da cuenta del vestido que ella lleva puesto y las lágrimas corren por sus mejillas. La besa a través del cristal que los separa. Él le dice que nadie duda de la victoria final, pero la visita concluye con un «Time is up!». Es la hora. Han sido treinta minutos vistos y no vistos. Él besa una y otra vez el cristal detrás del cual está su mujer. Cuando vuelve a su celda trata de fijar en su memoria cada minuto de ese rato con ella. La siguiente visita será al cabo de dos años. Tiempo después vendrá una nueva tortura a la que será sometido Mandela: la calumnia de las infidelidades de su mujer, transmitida por policías. Un sufrimiento intenso, una puñalada que va directamente a su afectividad.

Allí, en Robben, símbolo de la crueldad racial más brutal, donde todos los presos son agrupados, Mandela dará a sus compañeros clases de distintas materias, pues muchos no han recibido formación. Aparecerá de ese modo la «universidad Mandela» en el Bloque 3 de la penitenciaría. Les invita a instruirse día tras día. *La constancia en superar las máximas adversidades se acompaña del deseo de mejorar el conocimiento de los presos de su entorno*. No hay palabras para decir lo que esto significa y la categoría de este hombre, curtido en reveses de todo tipo, pero con una *voluntad de hierro y una motivación de oro*. El tiempo se diluye, se desdibuja y no existe.

La presión internacional de muchos políticos y la prensa de numerosos países insistieron una y otra vez en el drama de Sudáfrica, en la ausencia de derechos humanos y el trato que recibían los presos negros. Como consecuencia, en 1982 el prisionero recibe la visita del general que dirige la cárcel. Cosa insólita, pues nunca ha sucedido nada igual. El objetivo: trasladarlo a otra prisión. Él, Sisulu y dos compañeros más cercanos al African National Congress salen en una lancha con destino a Ciudad del Cabo. El nuevo destino es la cárcel de Pollsmoor, al sureste de la capital, un lugar con camas, sábanas, aseos, una ducha, una terraza al aire libre y la posibilidad de leer dos periódicos: *The Times* y *The Guardian*. Quieren negociar con él el cese de las protestas de los negros, pero en unas condiciones muy desfavorables y él se resistió. Llegó a decir: «Solo un hombre libre puede negociar»[38].

Mandela permaneció veinte años en la isla de Robben y siete más en otras prisiones. No es fácil resumir en pocas líneas lo que esto representa en una vida. Mandela salió de la cárcel en febrero de 1990. En 1994 tuvieron lugar las primeras elecciones multirraciales y se abolió el *apartheid*. En mayo de 1994 Mandela será el primer presidente negro de Sudáfrica. Como dirá más tarde[39]: «Han sido

---

38. Un dato que no quiero dejarme en el tintero es que Mandela llega a decir: «Yo no soy el único que ha sufrido estos interminables años perdidos. Muchos hombres han muerto. Yo tengo un deber con sus viudas, sus madres y sus huérfanos». Así siguió luchando y le dio la vuelta al argumento, pasando del concepto de *años perdidos* al de *años fecundos*. Su fuerza, su insistencia, su categoría como persona fueron decisivas para que cinco años más tarde saliera de la cárcel y cambiara todo el panorama de su país.

39. En el libro de Jean Guiloineau, *Nelson Mandela* (Payot, París, 1995), se relatan muchas de las vivencias del político sudafricano. Dominique Lapierre publicó un libro espléndido, *Un arco iris en la noche* (Planeta, Barcelona, 2008), en donde vemos recogidas de forma muy ordenada las diferentes etapas de la vida de Mandela, con muchos detalles históricos y personales.

los años más importantes de mi vida y, a pesar de todo, con muchos momentos de felicidad porque sabíamos que luchábamos por traer la libertad a nuestro pueblo y a nuestras gentes». Su ejemplo de *constancia* ha quedado para la historia. También su *voluntad* de acero, templada en una lucha firme con la esperanza a su lado, a pesar de los pesares.

¿Cómo superó Mandela el sufrimiento día a día? ¿Cuáles fueron las herramientas empleadas por Mandela para conseguir motivarse día a día? Su pensamiento y su actitud se pueden resumir en estos puntos:

— «*La mayor gloria no es no caer nunca, sino levantarse siempre*». Era consciente de que todos caemos, fracasamos y nos equivocamos, pero el gran éxito consiste en volver a empezar.

— «*La celda es el lugar idóneo para conocerte a ti mismo. Me da la oportunidad de meditar y evolucionar espiritualmente*»[40]. Hay momentos de desierto y dificultad, pero la clave radica en encontrarle un valor al sufrimiento.

— «*Un ganador es un soñador que nunca se rinde*». No olvidemos que la mayoría de los éxitos logrados en la vida han sido conseguidos por personas que no se rindieron, que siguieron adelante cuando no parecía haber esperanza ni posibilidades.

---

40. Palabras escritas en una carta a su mujer, Winnie Mandela, desde la cárcel de Kroonstad.

— *«Si yo tuviera el tiempo en mis manos haría lo mismo otra vez. Lo mismo que haría cualquier hombre que se atreva a llamarse a sí mismo hombre»*. Cada uno tiene que buscar en qué es bueno, cuáles son sus aptitudes y virtudes para lograr convertirse en la mejor versión de sí mismo.

— *«Nunca pienso en el tiempo que he perdido. Solo desarrollo un programa que ya está ahí. Que está trazado para mí»*. Muchos, al mirar atrás, sienten angustia y tristeza por el tiempo perdido. No te permitas pensamientos sobre el pasado que boicoteen tu ilusión: enfócate en el futuro.

— *«Después de escalar una gran colina, uno se encuentra solo con que hay muchas más colinas que escalar»*. Cuando has conseguido encender la llama de la motivación no olvides que hay otras llamas que encender y conseguir que no se apaguen.

Un poema le ayudó a no desfallecer y a no perder la ilusión. Un poema de William Ernest Henley: *Invictus*.

En la noche que me envuelve,
negra como un pozo insondable,
doy gracias al dios que fuere
por mi alma inconquistable.
En las garras de las circunstancias
no he gemido ni llorado.
Ante las puñaladas del azar,
si bien he sangrado, jamás me he postrado.

Más allá de este lugar de ira y llantos
acecha la oscuridad con su horror.
No obstante, la amenaza de los años me halla,
y me hallará, sin temor.
Ya no importa cuán recto haya sido el camino
ni cuántos castigos lleve a la espalda:
soy el amo de mi destino,
soy el capitán de mi alma.

capítulo
X

La capacidad de observación y de tomar nota

Otro componente de la *inteligencia auxiliar* es la capacidad de observación. Es bastante más que saber captar los hechos que suceden o a los que uno asiste. Consiste en prestar atención a un suceso para darse cuenta de *cómo* sucede. Se trata de un concepto psicológico que alberga en su interior una serie de componentes que vamos a desglosar:

1. *Atender*. No es otra cosa, como nos dice su propia etimología, que *tender hacia*, dirigirnos con nuestros sentidos hacia aquello que tenemos delante de nosotros. Es la disposición de la inteligencia para enterarse de lo que está en ese momento sucediendo. Abstraerse en ello. Se lo suelo decir a mis pacientes, cuando muestran tendencia a la dispersión, y lo hago de un modo más preciso: se trata de *estar en lo que estoy*. Tener toda la capacidad mental centrada en ese algo.
2. *Escuchar*. Hay una diferencia bastante clara entre *oír* y *escuchar*. Lo primero es percibir sonidos vocales

que alguien emite. Es la sensación auditiva. Y decimos en el lenguaje coloquial: «Te oigo como el que oye llover». También tenemos la expresión «Ver, oír y callar». Cuando llamamos a alguien para que nos haga caso decimos: «¡Oiga!» Lo segundo, *escuchar*, viene del latín *auscultare*: «aplicar el oído». Consiste en poner atención a lo que alguien está diciendo, con la inteligencia y la voluntad prontas. En castellano antiguo se refiere al *centinela*, que de noche vigila los movimientos del enemigo para acechar con cautela sus pasos. El término *escucha* se refiere también a una ventana pequeña que solía haber en los palacios medievales para que los monarcas pudieran recibir las advertencias de sus consejeros o los comentarios de sus súbditos. La misma diferencia podemos encontrar entre *ver* y *mirar*. *Ver* se refiere al sentido de la vista para captar la apariencia de las cosas que contemplamos y percibimos gracias a la acción de la luz. Es una sensación en la que no se da una advertencia intelectual ni consciente. En el *mirar* hay un trabajo preciso, concreto, de ir al detalle, de calibrar con detenimiento una persona, una cara, una mirada, un gesto, un paisaje, un animal... Hay una detención reposada frente a lo que tenemos delante de los ojos. Vamos de superficie a profundidad en ambos registros.

3. *Poner la inteligencia a funcionar*. Se trata de *captar la realidad en toda su amplitud*. Los instrumentos de la razón están afinados para sacar el máximo partido de aquello que observan.

4. La última etapa consiste en *tomar nota*. Es tener presta la voluntad para anotar todo lo que uno está escuchando. En una conferencia, en un debate, en una exposición de pintura. Hay una anécdota que quiero contar a mis lectores. En 2014 fui a ver una exposición de Picasso en el Museo Reina Sofía de Madrid. Era un pase especial con una profesora de Historia del Arte. Éramos un grupo de unos veinte visitantes y la persona que explicaba cada cuadro poseía grandes dotes docentes. Pues bien: las únicas personas que tomábamos nota de lo que ella iba diciendo éramos Isabel —mi mujer—, mis cuatro hijas y yo. Llegó un momento en que esta persona se dirigió a nosotros y nos preguntó: «¿Ustedes lo apuntan todo?». Y mi hija la pequeña, Almudena, dijo: «Es que no nos gusta viajar como las maletas, que no saben dónde están». En el curso de nuestro recorrido vimos a esta persona muy motivada ante nuestras preguntas y comentarios. Yo siempre llevo una agenda y algo para escribir. Lo aprendí de mi hermano mayor, Luis. Y me sorprende mucho cuando voy a una conferencia y nadie o casi nadie toma apuntes. Puede ser una frase, una sentencia, una anécdota histórica, un concepto... Mucha gente, con una inteligencia general alta medida en un test, no suele anotar nada. Pero si uno no lo hace, lo habitual es que ese contenido vaya desapareciendo en el curso de las siguientes semanas y que al cabo de unos meses se diluya hasta prácticamente desaparecer. Quiero destacar tres ideas muy

interesantes para fomentar la *inteligencia auxiliar* en referencia a esto de lo que hablamos. Lo primero es la *anotación*, que se fija; luego está la *atención* que se pone mientras se anota la información. Es una actitud de disciplina que nos ayuda a centrarnos. La tercera idea es *escribirlo todo en una agenda concreta* que uno consulta con cierta frecuencia y que nos invita a repasarla de vez en cuando para refrescar ese recuerdo, con sus matices y variables del momento. Otra anécdota al respecto: en los momentos previos a una conferencia que di en la Universidad de Guadalajara (México) me fijé en que la mayoría de la gente que entraba en el recinto académico no llevaba nada que le sirviera para apuntar o anotar. Así que hablé con una de las organizadoras y le pedí que fuera a comprar papel y bolígrafos en cierta cantidad. Luego hice que los repartieran entre aquellos que habían ido a escuchar mi exposición, titulada «Cuatro consejos para la educación»[1]. Fue muy distinto de otras conferencias, pues veía desde el estrado cómo la gente anotaba en las hojas que les habían proporcionado algunas ideas sobre el tema, lo que aumentó el interés y fomentó luego el debate.

Por desgracia, son mayoría las personas que no practican la *capacidad de observación*. Muchas veces porque no

1. Se trata de educación de los sentimientos, de la inteligencia, de la voluntad y de la sexualidad.

hay hábito, otras por descuido, cansancio o falta de curiosidad. Es *algo* que se aprende si hay *alguien* que lo sepa enseñar.

La capacidad de observación se trabaja

Un ejemplo de una persona con mucha capacidad de observación es el caso de una alumna de Psicología que cuenta que «siempre que voy a clase me gusta ponerme en la primera o la segunda fila. Hay veces en que la gente piensa que es por hacer la pelota, pero para nada. Me gusta ponerme en las primeras filas porque así no me distraigo. Aunque hay veces en que me aburro en clase, estar tan cerca me obliga a estar atenta. Además así puedo coger apuntes de lo que dice el profesor. Tengo la costumbre de coger mis propios apuntes, porque si no, luego hago un refrito de lo que los demás han cogido y no me entero». Sus apuntes están subrayados en diferentes colores, pues «cada color significa que me tengo que fijar en una u otra cosa. Lo amarillo es lo importante; en verde lo accesorio pero interesante; las fechas, en azul». Es aplicada, sí. Pero como todo el mundo, tiene mejores y peores días. Y aun así, ella no duda en coger siempre apuntes en clase. Escucha de forma activa, lo que significa que atiende y se pregunta el por qué de lo que se está explicando. «Hay veces en que me encuentro en clase pensando en otras cosas. Por eso, si cojo apuntes no pierdo nunca el hilo. Lo mejor de todo es que cuando llego a casa tengo la sensación de que ya sé mucho de la asignatura. El primer paso, que es entender las cosas, ya lo he dado. Me queda estudiar, pero no resulta tan duro como si empezase a subrayar los apuntes de otro».

Además, a la hora de estudiar para los exámenes se pone una semana antes, para repasar todo aquello que ha ido adquiriendo a lo largo del tiempo. «No soy muy inteligente, pero sí consciente de que si me pongo a estudiar unas semanas antes, aunque no me apetezca, sé que lo sacaré».

Una de las cosas que más impresiona hoy día es la actitud pasiva o pasota de los alumnos en clase. Yo lo he visto en mis alumnos. Muchos vienen con la carpeta, pero no toman notas. Ahora se lleva escribir los apuntes en el ordenador, lo que hace que mucha gente no se centre, pues no es raro que al mismo tiempo visiten páginas de Internet, en mitad de la clase. Y es que cada vez se da más que el cuerpo esté presente en el aula, pero la cabeza esté totalmente ausente. Sin duda la capacidad de observación en los estudiantes es fundamental y, sin embargo, cada vez se lleva menos a cabo, con lo que se terminan pegando verdaderos atracones de estudio pocos días o semanas antes de los exámenes.

Si bien la época estudiantil puede haber quedado muy atrás, la capacidad de observación se puede trabajar a cualquier edad. Un ejemplo de ello es un paciente que tuve hace tiempo. Era un hombre de cincuenta años, casado, historiador. Contaba que tenía dos agendas. «Una es la personal, donde tengo apuntado todo lo que necesito recordar, lo que tengo que hacer... Otra es para todas las conferencias a las que voy. Me gusta mucho ir a charlas en las que puedo aprender de uno u otro tema. Antes tenía una libreta para cada tema que me gustaba. Cuando iba a una conferencia sobre historia, tenía una de historia. Ahora las tengo por años. Me encantan la literatura, la historia, el arte, la filosofía... No cojo notas como si fuese para un examen, sino para releerlas dentro un tiempo y recordar».

Y sigue: «La cultura es lo que queda después de haber olvidado lo aprendido. No es más que la capacidad para recordar, revisar y releer aquello que nos interesa. Lo aprendí de mi padre, que siempre que escuchaba alguna sentencia o frase que le gustaba, la apuntaba y luego la decía. A mí me encantó la idea, porque como no soy una persona inteligente, con esas frases empecé a conocer y a aprender más sobre diversos autores. Gracias a esto no solo puedo decir que me he convertido en una persona bastante culta, sino también con más memoria y mucha agilidad mental. Me da mucha pena ir a un sitio, como un museo, y ver que la gente está sentada sin coger ninguna nota, sin apuntar nada. Y es que así es como puede uno ir mejorando en memoria, aprendiendo más y más y sin duda culturizándose».

Por lo tanto, este señor, gracias a ir cogiendo apuntes y releerlos de vez en cuando, ha ido mejorando tanto su memoria como su inteligencia. Y es que cuando uno asiste a una charla o coloquio interesante no solo hay que estar y atender, sino también coger notas y releerlas, porque con el paso del tiempo eso será lo que uno recuerde.

Caso clínico: yo nunca tomo nota de nada, no tengo costumbre...

Ahora quiero contar el caso de una persona que conozco, no se trata de un paciente mío. Persona de 45 años, médico de cabecera. Le costó mucho terminar la carrera porque, él mismo nos lo cuenta, «yo siempre he sido un poco vago y estudié Medicina porque tengo un tío que es mi padrino, que es médico y que, desde pequeño, me infundió esta vocación... Nunca fui buen estudiante porque dejaba todo para el final y en la carrera me pasó exactamente lo mismo. Yo iba a clase, aunque faltaba mucho, porque me interesaba más estar con la gente que encerrado en un aula oyendo al profesor..., que muchas veces era muy aburrido.

»En la universidad no tenía hábito de tomar apuntes en clase ni tampoco en práctica, y he de reconocer que esto fue malo para mí, porque las cosas me sonaban, las había oído de cara a los exámenes, pero no las había fijado en mi cabeza... No tomaba apuntes de nada, y mientras el profesor daba su clase o charla o conferencia, yo trataba de seguirlo, pero sin anotar nada. A la larga me di cuenta del error, que sigue hasta el día de hoy; me cuesta horrores tomar nota o apuntar una cita interesante o una frase que merece la pena... Creo que puedo retenerla en mi cabeza.

»He asistido en mi vida a muchos congresos y el ser desordenado hace que las cosas se me olviden y, cuando pasa un cierto tiempo, no me acuerdo de nada. Yo he dicho siempre, como una frase repetida por mí una y otra vez: si yo hubiera apuntado todo lo que he oído y de las muchas conferencias y charlas a las que he ido, hoy sería una persona con muchos más conocimientos médicos. Pero mi forma de ser es así».

Y continúa su relato en primera persona: «Veo una película interesante y la disfruto, y al cabo de poco tiempo no me acuerdo ni del título..., quizá sí del argumento, pero no retengo los actores. Me pasa también con los libros, aunque por desgracia soy poco lector de libros..., sí de periódicos y revistas. Hay cosas de historia o arte, o incluso de literatura, que yo debería recordar, pero todo lo dejo a que mi cabeza lo retenga y mi cabeza lo olvida relativamente pronto.

»He empezado a estudiar inglés muchas veces y siempre me canso y lo dejo. Tengo muchos libros y casetes de las antiguas, y *compact disc*, pero lo dejo pronto... Luego no apunto nada de frases nuevas que he oído o expresiones del lenguaje diario, y me da pena, y me lamento... Pero al final me digo "tú eres así, esa es tu forma de ser..., ya no puedes corregirte"».

Aquí se juntan dos hechos que es muy común verlos unidos en una persona: la inconstancia y el no apuntar nada. Y un telón de fondo: la falta de orden. Hablamos de un médico de clase media, pero que falla en cultura y que el fin de semana puede pasar muchas horas leyendo la misma noticia en varios periódicos y entregado a los suplementos dominicales, y rara vez entra un libro en sus planes... salvo que sea un *bestseller* del que todo el mundo habla.

La cultura te hace más libre, aporta una visión de la vida y te ayuda a tener criterio y a saber a qué atenerte en esta historia nuestra repleta de noticias y de noticias contradictorias. Lo he dicho en las páginas de este libro, en distintos momentos, el ser humano vive hoy cada vez con más *información,* sabe mucho de lo que está pasando aquí y allí, pero tiene poca *formación:* eso significa tener ideas claras de qué hacer en la vida, sobre todo en este mundo tan vertiginoso en el que unas noticias hacen bulimia de otras y lo que hoy es primer plano de un periódico, en una semana casi desaparece...

El hombre actual tiene mucha información y poca formación. Es un contraste más, de los muchos a los que estamos asistiendo hoy en nuestra sociedad.

Termino este apartado. *El ser humano es animal de hábitos.* La costumbre de anotar, de apuntar, de llevar lo que uno está recibiendo a una agenda y que uno luego revisa y recuerda y repasa..., eso que parece una cuestión menor no lo es, y a la larga da lugar a una persona con más *inteligencia auxiliar*, que tiene claro que tener esa actitud eleva la inteligencia de nivel.

capítulo

XI Aprender a pensar en positivo

La importancia del optimismo

El optimismo es una forma positiva de captar la realidad. Ser una persona animada es algo que se aprende, es una tarea personal que lleva tiempo, un trabajo artesanal. ¿Qué definición podemos dar que cubra el espectro de este concepto? *El optimismo es una actitud caracterizada por la tendencia a descubrir más lo positivo que lo negativo, a ver o esperar lo mejor a pesar de las apariencias.* Trataré de explicar la definición que propongo: es ante todo una *actitud*, lo que quiere decir que es una disposición, el modo habitual de reaccionar ante algo, como una postura, un ademán. No es algo genético, sino adquirido. No está en el equipaje hereditario, sin más: es algo que se ha ido alcanzando mediante esfuerzos repetidos.

Me gusta usar la expresión *tendencia a*, que quiere expresar una inclinación que se convierte en un aprendizaje que nos va llevando de la mano a *descubrir* lo que hay debajo de las apariencias. Hay cosas que se ven, hechos que se observan con claridad, pero otros se esconden por debajo, se camuflan, y es menester un trabajo de espeleología psicológica para perforar la superficie e ir hacia la profundidad. Es desvelar lo que está oculto. Pensemos en tantas circunstancias de la vida ordinaria en donde aparece el fracaso, algo que nos ha salido mal. Puede ser un problema económico grave, una enfermedad, una humillación contemplada por muchos... La lista de experiencias negativas de la vida es el cuento de nunca acabar.

En psicología debemos distinguir dos tipos de *traumas*. Los *macrotraumas* son impactos de gran alcance, históricos en la vida de una persona por la importancia y magnitud de los hechos. Van desde la ruina económica o perder un trabajo hasta la muerte de un ser querido de forma inesperada y accidental, pasando por un inventario amplio y diverso. De otra parte están los *microtraumas*, que son vivencias pequeñas, de mucho menos nivel de intensidad, pero que forman un glosario, un sumatorio que pesa en exceso.

No hay árbol que no haya sido fuertemente azotado por el viento. La vida es la gran maestra y enseña más que muchos libros. Es la denominada *experiencia de la vida*, un saber acumulado de acontecimientos de muchos años que forman un magma en nuestro subsuelo y nos muestran lecciones rotundas. Es una sabiduría almacenada en los archivos de nuestra memoria. Y está ahí, poniéndose en marcha según los avatares y circunstancias. Se agavillan recuerdos que se desdibujan, pero que van a parar a ese territorio último que es el sótano de la personalidad y allí residen, se clasifican y ordenan. A esto le llamamos modernamente *procesamiento de la información*, que tiene sus leyes y funciona como un ordenador personal sumergido en nuestro interior. La *psicología cognitiva* se ocupa de esto, en dos planos: uno que se refiere al *procesamiento de la información*, a las leyes que definen cómo se almacena en nuestra mente todo lo que nos llega y nos sucede; el otro se ocupa de las *estructuras cognitivas*, referidas a la atención, la memoria, el pensamiento y el lenguaje. Esta rama de la psicología toma como paradigma *el modelo del ordenador*[1]. En todo este proceso los recuerdos se adelgazan, se metamorfosean y cambian de ropaje. Conjunto complejo de acontecimientos que van a tener una influencia evidente en nuestra conducta.

Sin embargo, ¿cómo podemos aprender a pensar en positivo, qué debemos hacer para educar la mirada psicológica y lograr que se detenga más en lo bueno que en lo malo? Se trata de una *educación de la mirada psicológica* que ano-

---

1. Remito al lector interesado a tres textos que aclaran este panorama tan rico y complejo a la vez. El primero, de R. S. Lazarus y S. Folkman, es *Stress, Appraisal and Doping* (Springer Publishing Company, Nueva York, 2002). Es especialmente sugerente el capítulo segundo, dedicado a los procesos de evaluación cognitiva y sobre todo al concepto de vulnerabilidad, muy importante en psiquiatría. Otro libro de enorme interés es de Aaron Beck, en colaboración con otros autores: *Terapia cognitiva de los trastornos de personalidad* (Paidós, Barcelona, 2011). En la segunda parte de esta obra podemos encontrar el modo de enfocar terapéuticamente cada trastorno, incluyendo la personalidad pasivo-agresiva, que ha ido desapareciendo de las clasificaciones más recientes. Por último recomiendo la excelente monografía de Juan Mayor titulada *Actividad humana y procesos cognitivos* (Alhambra Universidad, Madrid, 1998). Se trata del homenaje que se le rindió a uno de los padres de la psicología española, José Luis Pinillos. El material es muy abundante y con gran despliegue bibliográfico.

ta lo negativo y lo positivo de cada circunstancia, pero sabe quedarse más con lo segundo y eso le lleva a pensar en lo puede y debe cambiar. Pone los medios adecuados para intentarlo, a pesar de los pesares. Educar es seducir con lo valioso, es convertir a alguien en persona cada vez más libre. Educar es enseñar a pensar. La cultura consiste en enseñar a vivir.

Uno de los padres de la psicología positiva es Martin Seligman[2], quien viene a subrayar que el optimismo es una pretensión que se alcanza teniendo en la cabeza la idea de que todo puede mejorar, por muy adversos que sean los acontecimientos personales. Él ha estudiado cómo la forma de pensar influye decisivamente en los sentimientos, y lo resume en la palabra *perma*, que es el acrónimo de los siguientes cinco términos:

— P de *Positive emotions*. Consiste en valorar más las emociones positivas, ese tipo de manifestaciones afec-

---

2. Las investigaciones de Martin Seligman, muy sugerentes, han llevado a un modelo explicativo que descansa en la positividad, en descubrir ese algo valioso que se camufla y se esconde en todas las realidades humanas. La psicología positiva es algo más que sonreír y sentirse uno bien: es bienestar. Buena parte de la psicología anterior a él se centraba mucho en las emociones negativas: ansiedad, tristeza, desesperación, etc. Véase su libro *Authentic Happiness: Using the New Positive Psychology to Realize your Potential for Lasting Fulfillment*, Simon and Schuster, Nueva York, 2011. Es todo un programa personal. Un discípulo de Seligman con el que he compartido algunas tareas en Nueva York, en la Universidad de Harvard, es Tal Ben Shahar, que en su libro *Happier* (McGraw-Hill, Nueva York, 2015) nos cuenta que la felicidad consiste en la interpretación positiva de la vida personal, dándoles la vuelta a los hechos que van sucediendo. Se trata de descubrir siempre el ángulo o segmento positivo que hay en todo.

tivas que transitan por nosotros durante el día, sabiendo filtrar las negativas.

— E de *Engagement* («comprometerse»), es decir, involucrarse en lo bueno y positivo aunque nos parezcan pequeñeces.
— R de *Relationship* («relaciones»). Se trata de manejar el contacto social de forma constructiva, cambiando los contactos tóxicos, minimizándolos.
— M de *Meaning* («significado»). Consiste en ver las cosas con perspectiva, más allá de uno mismo. Se busca pertenecer a algo más grande. Hay más alegría en dar que en recibir.
— A de *Accomplishment* («logro»). Lograr algo se traduce en determinación. Hay que luchar por no abandonarse cuando llegan los reveses.Ningún pesimista ha investigado nada a fondo ni ha sido capaz de embarcarse en descubrir algo que ayude al ser humano a mejorar en la ciencia, en la medicina, en la tecnología... El optimista propone soluciones, otea el horizonte buscando una alternativa, se cuela por los entresijos de lo sucedido buscando un atajo que le lleve a un paisaje mejor.

Nuestra primera aproximación a la realidad es afectiva

No olvidemos esto: que *nuestra primera aproximación a la realidad es afectiva*. Y lo decimos con claridad: me gustó aquel sitio, esa persona no me cayó bien, etc. De otro modo: *los sentimientos influyen en nuestra forma de pensar*. Esto lo sabemos bien los psicólogos y los psiquiatras. Cuando nos sentimos bien vemos las cosas de otra manera. Hay una parte de nuestro cerebro que regula las emociones y modifica la forma de organizar nuestras ideas. Esto lo ha estudiado con detenimiento el psicólogo y economista, además de nobel de economía, Daniel Kahneman[3], quien viene a decir que todo depende del análisis que uno hace de los sucesos que le ocurren. Todo está en nuestra cabeza. La clave pasa por entrar en el carril mental positivo para interpretar mejor la realidad. Este autor insiste en la importancia de interpretar la realidad y ser siempre positivos, valorando todo lo que tenemos a nuestro alcance. Nos habla de las leyes de la memoria y de la percepción. Si las sabemos manejar de forma correcta, tenemos más datos y siempre hay un ángulo positivo de la realidad, una zona por donde debemos colarnos para ver la parte buena de nosotros mismos y de nuestro entorno.

Quiero concretar y espigar algunos argumentos para enseñar a tener *un pensamiento más positivo*:

1. Por debajo de los acontecimientos negativos se esconde una carta buena que toca a cada uno descubrir. Hay que colarse por ese pasadizo y llegar a ese punto luminoso. Se necesita *querer* y *paciencia*. Lo pri-

---

3. Véase su libro *Pensar rápido, pensar despacio* (Debate, Barcelona, 2013).

mero es *determinación*; lo segundo, *saber esperar y saber continuar*.

2. Hay que levantar la mirada, dejar lo inmediato por lo mediato. La respuesta está en la lejanía. *Hay que tener una visión larga de la jugada*. De ese modo hay derrotas fuertes que al cabo de cierto tiempo se convierten en auténticas victorias. No quedarse en el hoy y ahora. El cortoplacismo no es buen camino. Nos vamos al medio y largo plazo. Esa es la mirada inteligente.
3. *Hay que aprender a crecerse ante las dificultades*. Hay dos notas fundamentales que se hospedan en el pesimista: el *derrotismo*, que no es otra cosa que adelantarse en negativo, pensar que las cosas saldrán mal; y el *victimismo*, creer que uno siempre sufre daños y es perjudicado, que las cosas son así y que siempre circulan por ese derrotero.
4. *El optimista es un luchador nato*. No se viene abajo cuando las cosas se ponen difíciles o no salen como esperaba. Enseguida viene la perseverancia para echar una mano y por eso lucha, se esfuerza, insiste, vuelve a empezar, se levanta. Es el tesón el que tira de él, el empeño por no darse por vencido. Si esto se va practicando poco a poco, gradualmente, se convierte en una segunda naturaleza.

Quiero poner algunos ejemplos históricos de lo que acabo de comentar. Tomás Moro, del que he hablado con anterioridad, dice en las páginas de su último libro, *Cartas desde la cárcel*, que está contento, que se siente feliz «porque muero fiel a mi Dios y amigo del rey». *La felicidad consiste en hacer algo que merezca la pena con la propia vida*, cada uno según sus posibilidades y puntos de partida. Otro ejemplo es Steve Jobs. Fundó Apple en 1976, en el garaje de su casa. En 1982 fue portada de *Time*. Hijo de la relación entre un emigrante sirio y una americana de origen suizo, lo entregaron en adopción a una pareja de clase media baja, Paul y Clara, de origen armenio. Él era maquinista ferroviario y ella ama de casa. Jobs se metió en la droga, se arruinó y en 1985 vendió todas sus acciones de la compañía, pero siguió luchando y volvió a empezar. En 1997 Apple le pidió que volviera. Cuenta en sus *Memorias* que el optimismo era el rasgo más característico de su personalidad. Murió en 2011. Su fortuna la valoró la revista *Forbes* entre las cien más importantes del mundo. Otro modelo es Boris Cyrulnik, uno de los padres del concepto de *resiliencia*. Nació en Burdeos, de familia judía sefardita, y perdió a sus padres y a dos hermanos en el campo de Auschwitz, en la cámara de gas. Pues bien, la *resiliencia* es el arte de superar los sufrimientos e impactos negativos, descubriendo ese algo bueno que se camufla entre los pliegues de todo trauma y que solo personas educadas en la positividad tienen capacidad para percibir. La *resiliencia* es la capacidad psicológica para afrontar de forma positiva las adversidades y el estrés de gran nivel. El destino no está escrito, por muy mal que vayan las cosas. Si uno es capaz de luchar y pelear y empezar otra vez, ha recorrido ya buena parte del camino.

El pesimismo goza de un prestigio intelectual que no merece. Hay dos piezas con las que trabajar en el puzle de la ingeniería de la conducta: la confianza y la seguridad en uno mismo. Decía Winston Churchill que «el optimista ve una oportunidad en toda calamidad». La vida es como la navegación a vela: el pesimista se queja del viento; el optimista espera que cambie y el realista ajusta las velas. El optimismo es el arte de vivir con esperanza.

Aprender a descubrir los sentimientos positivos

Si el amor y el trabajo son los dos principales argumentos de la vida, debemos darnos cuenta de los sentimientos positivos que transitan cerca y dentro de nosotros, calibrar su efecto y apreciar su estancia en los corredores de nuestro mapa afectivo. El corazón va por delante de la cabeza. Por eso al acercarnos a la exploración de la realidad lo que se adelanta antes que nada es lo afectivo. La afectividad es el modo en que somos impactados interiormente por las circunstancias que se producen a nuestro alrededor. Es en la intimidad de la persona donde esto resuena. Es un universo emocional formado por cinco registros principales: *sentimientos, emociones, pasiones, motivaciones y deseos*. Cada uno tiene su perímetro concreto, pero sus contenidos se entrecruzan, combinan y mezclan formando uniones lógicas y caprichosas que requieren una observación atenta de lo que sucede para adentrarnos en la selva semántica afectiva.

El vocabulario afectivo tiene unos ribetes imprecisos, etéreos, mal dibujados, y la pretensión de definirlos con rigor es tarea más que ardua. Pero la vida regia de la afectividad es, por derecho propio, el *sentimiento*. Voy a dar una definición para que entendamos de qué estamos hablando: *es un estado subjetivo difuso que siempre tiene una tonalidad positiva o negativa*. Es *subjetivo* porque es privado, interior. Es *difuso*, lo que significa que la noticia que recibimos no es clara ni específica, sino vaga, desdibujada, poco nítida, de perfiles borrosos. La tonalidad es siempre *positiva o negativa*, no hay sentimientos neutros.

Toda la psicología moderna hasta finales del siglo XX se ha dedicado a estudiar con detalle los sentimientos negativos: la ansiedad, la depresión, la desesperación... Ha sido una especie de *ciencia de la victimología*. De ese modo los modelos de intervención clínica se basaban en afrontarlos de forma médica. En las últimas décadas se han ido desarrollando, de la mano de Martin Seligman y su equipo, estrategias para optimizar los recursos personales[4]. Son habilidades personales hereditarias y adquiridas, genéticas y aprendidas. Seligman habla de tres tipos:

1. *Pasadas*, formadas por la ausencia de rencor, la satisfacción y la realización personal.
2. *Presentes*, como alegría, tranquilidad, ilusión o lo que él llama el *flow*, que es como una experiencia

---

4. Después de la II Guerra Mundial casi toda la psicología estaba dedicada a la curación y reparación de los daños y adversidades sin cuento que se dieron en esos años. Después la psicología fue abriendo nuevos horizontes científicos, buscando alternativas para mejorar la calidad de vida, desarrollando *fortalezas positivas* que ayudaran a mejorar. Seligman define las *fortalezas* como rasgos psicológicos que se presentan en situaciones concretas.

óptima, aunque literalmente significa «movimiento, flujo, corriente».

3. *Futuras*, que son optimismo, fe, ver siempre posibles soluciones a pesar de las contradicciones y dificultades.

Seligman juega con las palabras y habla de *la interpretación subjetiva de los factores objetivos*. Las emociones positivas potencian el bienestar de la persona, permitiendo tener esperanza a pesar de los problemas. Amplían los recursos naturales que uno posee, modifican los pensamientos y estos cambian la actuación

Hay que focalizar la terapia en poner en evidencia lo positivo de cada persona y su entorno, sin desconocer lo negativo, pero poniéndolo entre paréntesis. La *psicología positiva* no es un movimiento espiritual ni filosófico, ni tampoco un modo mágico para alcanzar la felicidad: es una rama científica de la psicología que busca a través de la investigación los procesos que subyacen a las emociones positivas del ser humano. De este modo puede ayudar a resolver problemas concretos que proporcionen una mayor calidad de vida *identificando las fortalezas de cada persona* y desarrollando *programas de intervención*.

capítulo XII Los enemigos de la inteligencia: soberbia, orgullo y vanidad

Voy a referirme ahora a tres manifestaciones psicológicas que distorsionan la percepción de la realidad y que a la larga alejan a la persona de la felicidad más auténtica. Se dan en personas con una inteligencia general bastante desarrollada, son muy comunes y más o menos todos las padecemos. Hay muchos matices entre ellas y voy a intentar definirlas y separarlas, a pesar de que tienen muchos puntos de confluencia y fronteras mal dibujadas y huidizas.

Hay una gradación de intensidad entre *soberbia*, *orgullo* y *vanidad*, que van de más a menos, tanto en la forma como en el contenido. Entre la soberbia y el orgullo hay matices diferenciales, aunque el *ritornello* que se repite es el mismo: *complejo de superioridad y apetito desordenado de la propia valía.* Se manifiesta como tendencia a demostrar la preeminencia y categoría que uno cree que tiene a la gente del entorno. Lleva a pensar que uno tiene mejor criterio que los demás y que por eso debe ser consultado y apreciado. En general estos conceptos se manejan como sinónimos, aunque podemos espigar algunas diferencias interesantes.

La soberbia como pasión por uno mismo

La soberbia consiste en concederse más méritos de los que uno tiene. Es la trampa del amor propio, estimarse muy por encima de lo que uno vale. Es falta de humildad y por tanto de lucidez. *La soberbia es pasión desordenada sobre uno mismo.* Apetito desenfrenado de la propia persona que está basado en una excesiva valoración de la propia excelencia. Visión inmoderada sobre lo que uno es y significa, que suele acompañarse de un rebajar la dignidad ajena. Es fuente y origen de muchos males y es ante todo una *actitud*, un modo de estar frente a la realidad, *un cierto adorarse a uno mismo.* Sus notas más características son: prepotencia, presunción, jactancia, vanagloria, altivez, sentirse por encima de los demás. La inteligencia hace un juicio deformado de uno mismo en positivo[1], lo que arrastra a sentirse el centro de los que le rodean. La soberbia es un entusiasmo que es *idolatría personal.* Las cualidades se agrandan y desproporcionan; si no hay nadie que aporte

---

1. Es algo que nos sucede con cierta frecuencia a los seres humanos en diversas facetas de la vida. Tiene un nombre muy concreto: *deformación de la percepción de la realidad.* En la anorexia-bulimia una adolescente se percibe obesa estando escuálida; el pesimista se centra en lo negativo y es incapaz de captar algo de lo positivo; el depresivo interpreta su vida pasada llena de errores y fracasos y no es capaz de fijarse en las facetas buenas de su biografía. En la soberbia la deformación descansa en la hipertrofia positiva de uno mismo.

algo de objetividad, un amigo verdadero, la cosa va a más y resulta devoradora.

Hay dos modalidades de soberbia. Una que es vivida como *pasión* y que comporta un afecto excesivo, vehemente, ardoroso, que llega a ser tan intenso que nubla la razón, pudiendo incluso anularla e impedir que los hechos personales sean vistos con un mínimo de objetividad. La otra es como un *sentimiento* que cursa de forma más suave. La cabeza es aún capaz de aplicar una óptica que mida la realidad de manera más realista, aunque solo sea de forma intermitente o accidental. *La soberbia es más intelectual que otras modalidades de autovaloración*. Emerge en alguien que realmente tiene una cierta superioridad en algún plano de la vida: un ministro, un político de talla, un gran financiero, un hombre de negocios exitoso, un novelista de renombre, un reconocido abogado, etc. Se trata de un ser humano que ha destacado en alguna faceta de forma clara, por lo que hay una base cierta. Sin embargo, el balance personal saca las cosas de quicio y pide un reconocimiento público de esos logros. Es fácil que esto suceda, por eso es bueno que la inteligencia actúe poniendo equilibrio en esa evaluación, para recibir la ayuda de los más cercanos, con tacto y mano izquierda. Esto es difícil porque con frecuencia aparece el *coro de aduladores* que fomenta lo contrario. En política es moneda corriente. Ante la soberbia uno no puede ver sus defectos, que se diluyen, y flota la idea de superioridad, que impide estar más con los pies en la tierra, saber lo que *uno realmente es*.

La soberbia es más cerebral, pues se da en alguien que, siendo objetivos, tiene un cierto prestigio, una brillantez reconocida, una relevancia y señorío porque sobresale en alguna faceta de la vida. Son hechos concretos de su andadura que tienen un evidente relieve que le sitúa por encima de los demás. Por eso puede ser tentado por la soberbia, no necesitando el halago de los otros. En tales circunstancias la propia valía se abre paso en el interior y puede deslizarse hacia un permanente elogio de uno mismo, unas veces de forma evidente y otras de modo más insidioso y desdibujado. *La soberbia es más interior y privada*. Pero se observa desde fuera como una atmósfera grandiosa que esa persona crea a su alrededor y que no se muestra de forma clara, sino a través de sus máscaras: arrogancia, altanería, tono despectivo hacia los demás, con vetas de desprecio, desconsideración, frialdad en el trato, distancia gélida, impertinencia e incluso tendencia a humillar. Es una secuencia de conductas que producen un marcado rechazo al que está enfrente. Hay una sintonía al revés, una repulsa que invita al alejamiento, una reacción de rebote, de apartarse de su compañía. Otras veces esas máscaras son de una insolencia cínica, mordaz, con un retintín maléfico y crítico hacia personajes de cierto nivel. Esto provoca un rechazo frontal. En los casos algo más leves baja la hoguera del engreimiento y entonces la relación personal se hace más soportable.

¿Cuáles son las principales manifestaciones de la soberbia? Voy a resumirlas esquemáticamente:

1. *Aire de suficiencia*. Refleja un bastarse a sí mismo y no necesitar a nadie. Engreimiento que define un ser

tieso, engolado, que hace hierático el gesto y lleva al hábito altanero.

2. La borrachera de uno mismo tiene su génesis en una zona profunda e íntima donde se elabora la *idea de superioridad*. Sobre una base real, todo va creciendo hasta que uno se idolatra, se cree mucho más de lo que es. Y asoman otros ribetes de conducta: susceptibilidad casi enfermiza ante cualquier crítica que se reciba; gran dificultad para pasar desapercibido; querer ser el centro de atención; tendencia a hablar siempre de uno mismo y si este no es el tema central de la conversación enseguida decae su interés y participación en ese diálogo; desprecio olímpico hacia cualquier persona que en su cercanía sea elogiada o alabada... Esta embriaguez puede disfrazarse de los más variados ropajes.
3. *La soberbia entorpece y debilita cualquier relación amorosa*. Cuando alguien siente un amor desordenado a sí mismo como el que acabo de describir es difícil que pueda darse a otra persona y olvidarse de sí mismo. Esto lo vemos en los llamados «famosos» de la televisión, que en las relaciones de pareja necesitan ser adorados o muy valorados, que permanentemente se les recuerde su valía e importancia. Por eso no pueden durar: son relaciones frágiles porque la otra persona no puede aguantar ese elogio permanente cuando la convivencia ordinaria pone de relieve los defectos de una *actitud enfermiza, patológica, que pide devoción, fervor y reverencia*. La vida diaria se

torna insufrible, pues reclama todo lo dicho hasta el servilismo. No olvidemos que para estar bien con alguien hace falta estar bien con uno mismo.

4. En la soberbia habita una obsesión exagerada por uno mismo, que ha ido conduciendo a una *evaluación excesiva del propio mérito*. Y afloran términos como alardear, jactarse, mostrarse de una altivez despreciativa.

Lo contrario de la soberbia es la humildad. El edificio de una persona equilibrada se basa en una mezcla de humildad y autoestima. La una no está reñida con la otra[2]. Audacia es actuar con valentía y arriesgando cuando las circunstancias lo exigen, buscando un bien mayor. Una persona madura y bien conjugada sabe manejar las dos con oficio, según las circunstancias de la vida. El que reconoce sus defectos y lucha por corregirlos tiene confianza y seguridad en sus posibilidades y de ese modo recupera una paz interior veteada de alegría.

Caso clínico: el abogado listo, pero egoísta y soberbio

Hablamos de un hombre de sesenta y siete años, licenciado en Derecho y doctor en Derecho Civil. Son pocos los

---

2. La prudencia es la cochera donde se guardan la justicia, la fortaleza y la templanza. Y yo la definiría como aquella conducta que consiste en el arte de escoger los mejores medios que buscan un fin bueno. Se tiene una imagen negativa de ella, como de no hacer nada o no actuar. Y eso no es cierto. De hecho no deben estar reñidas la prudencia con la audacia en una persona madura.

abogados que hacen tesis doctoral, salvo los que van a seguir una carrera docente en la universidad. Preparó durante cuatro años la oposición a abogado del Estado, pero finalmente la dejó. Se presentó una vez y no pudo aprobar.

«Mi ilusión era ser abogado del Estado. Y una vez conseguido, trabajar unos años y luego pedir la excedencia para pasarme a la empresa privada, como hacen la mayoría. No pude sacar la oposición porque no estudié lo suficiente. Me lo decía el que fue mi preparador, que para sacarla era necesario estudiar al menos diez horas al día. Lo importante era la constancia. La verdad sea dicha, me habría gustado ser catedrático de Civil o Mercantil tras no sacar la oposición, pues había tenido dos o tres catedráticos para mí de gran valía.

»Somos dos hermanos y una hermana. Yo soy el mayor. Tengo que reconocer que mi objetivo era tener un buen bufete propio y ganar dinero. Yo siempre he vivido bien. He tenido un tío abogado y mis padres eran farmacéuticos. La relación con mi padre siempre fue difícil. Me enfrenté a él ya en la universidad y terminada la carrera me fui de casa por un enfado monumental. Estuve más de seis meses sin ver a mi padre y lo mismo me pasó con mi hermano, el que me sigue. A mi madre y a mi hermana si los veía de vez en cuando. Después las cosas se fueron suavizando gracias a mi madre. Volví a la casa de mis padres y al terminar la carrera me independicé.

»Viví más de medio año en Nueva York una vez terminada la carrera para afianzar mi inglés. Fue una época que me marcó mucho. Encontré a mucha gente a quien admiraba a nivel profesional. Allí viví con una chica sueca, pero la cosa duró poco. Luego volví a Madrid y viví con una antigua amiga que no llegó a ser novia: era sexo y poco más. Yo seguía estudiando cosas de Derecho y entré en un bufete bastante potente en donde aprendí muchas cosas. Me enfrenté con el que era mi jefe. Tengo un carácter fuerte, lo reconozco, y soy muy directo y digo lo que pienso. Me considero una persona muy inteligente, sé lo que quiero y ambiciono llegar algún día a ser un abogado exitoso».

Acude a la consulta acompañado por su esposa (es su tercera mujer). Ella comenta: «Es muy listo y con una gran capacidad, pero tiene un carácter muy fuerte y es un hombre de gran soberbia. Para mí está justificado por su enorme capacidad y porque ha sabido independizarse y tener su propio equipo de abogados, aunque han sido muchas las peleas, los enfrentamientos entre ellos con mi marido. Incluso le han denunciado. Él no sabe ceder y cuando cree que lleva la razón no hay quien le haga cambiar».

A él le pregunto por sus valores: «Yo no soy creyente. Desde mis años universitarios dejé de creer. Para mí existen dos valores por los que lucho: uno, la democracia; otro, la profesionalidad. En mi caso he sido una persona que ha trabajado mucho en Civil y Procesal, y algo en Derecho Penal».

Le hago la siguiente pregunta: «¿Cómo es que has tenido tantas mujeres en tu vida, qué opinas de ello?». Me contesta: «Siempre he creído en la pareja y lo importante es ir detrás de esa pretensión hasta que la encuentras. Mientras tanto puedes cambiar, no pasa nada. Lo importante es tener ilusión por encontrarla. He sido un hombre con mucho éxito con las mujeres. He sabido muy bien cómo entenderlas y el hacerles poco caso ha sido una de mis estrategias básicas en este sentido. He tenido tres hijos, dos con la primera y otra hija con mi mujer actual. Con los dos primeros tengo poca relación porque no me han hecho caso en temas de estudios y además porque su madre los ha enfrentado a mí. A mí no me ha importado mucho. La vida es así. Lo he aceptado y he pasado la página. Me he centrado en mi trabajo y en mis amigos».

Le pregunto: «Cómo te definirías, dame un perfil tuyo». Contesta: «Siempre lo he dicho: soy un hombre que conoce muy bien su oficio de abogado. Sé que soy duro y que en mi profesión me he enfrentado con mucha gente. Pero no creo que en mis temas haya mucha gente de mi nivel. Soy un luchador que no le tiene miedo a nada. Dicen que soy una persona de carácter bravo y soberbio. De lo primero, diría que el que me busca, me encuentra y puedo ser demoledor si es necesario; de lo segundo, creo que una persona luchadora, como yo, que ha llegado lejos en su profesión, siente motivos más que sobrados para estar orgulloso».

Ha venido a la consulta traído por su mujer, porque ha tenido ansiedad y crisis de pánico. Lo atribuyen al estrés por el trabajo y a situaciones muy tensas vividas en el bufete, donde ha tenido que echar a dos colaboradores con los que había un viejo enfrentamiento que ha desembocado en una situación terrible, con descalificaciones recíprocas. Después de una serie de sesiones clínicas se establecen tres diagnósticos:

1. *Trastorno de ansiedad generalizada y ataques de pánico*: se le ha aplicado un tratamiento ansiolítico endovenoso inicialmente y luego vía oral. Se ha diseñado una estrategia para hacer frente a una posible crisis de ansiedad.
2. *Trastorno de personalidad*: se trata de un desorden mixto de la forma de ser, con muchos matices. Unos se encuadran de manera desperdigada: prepotencia, soberbia, egoísmo o tendencia a pensar solo en sí mismo, tendencia a enfrentarse a la gente, a ser muy directo, a despreciar y descalificar a casi todas las personas de las que habla... De una forma más precisa y yendo a los criterios de la American Psychiatric Association, hay dos notas: *límite o borderline* (impulsividad, grandes cambios de ánimo, nada diplomático, incontinencia verbal negativa, etc.) e *histriónico* (necesidad de llamar la atención, querer ser siempre el centro, etc.).
3. *Inmadurez de los sentimientos*: sus recorridos afectivos han sido esencialmente inestables. Relaciones sexuales con pocos ingredientes afectivos auténticos. Ha cambiado a raíz de dos divorcios y de enfrentamientos serios con sus exparejas. Cuando hemos hablado con él de este tercer diagnóstico ha mostrado un claro desacuerdo: «Es la vida misma. Lo importante es la pareja mientras funciona. Y si no va bien, se cambia, se busca otra. Porque lo importante es ser feliz».

No quiero comentar nada más, pues creo que estos hechos son representativos de una biografía muy concreta.

El orgullo

Mientras la soberbia es más cerebral, el orgullo es más emocional. Consiste en una alta opinión de uno mismo que aparece como una superioridad y aire de grandeza extraordinarios, pero que puede ser más lícito y hasta respetable. Hay dos tipos de orgullo. Uno, el *positivo*: el orgullo de ser andaluz, de pertenecer a una asociación defensora de los animales, de formar parte del cuerpo notarial, de haber servido al país en cargos públicos, de ser un buen médico y un largo etcétera. También en una forma de hablar, un lenguaje que exalta un tipo de vida presente o pasado y que mezcla hechos e intenciones. Todo ello entra dentro de los límites normales. Podría encuadrarse en el reconocimiento de una labor bien hecha, en causas nobles y de evidente valor. Otro es el *orgullo negativo*, que se da cuando sobre una base más o menos clara esa persona monta una conducta de exaltación de sí misma en donde la emotividad toma las riendas. Tiene menos nivel que la soberbia, es más suave y los que están alrededor lo llevan mejor. No suele llegar a ser vivido como una *actitud*, sino que se reactiva ante ciertos estímulos exteriores.

La vanidad

Esta palabra procede del latín *vanus*, que se refiere a algo falto de sustancia, hueco, sin solidez. Se dice de algunos frutos de cáscara fuerte cuyo interior está seco o vacío. Procede directamente de *vanitas*, que indica ligereza, vana apariencia. Se refiere a una persona que vive de la apariencia, de cara al exterior, dando una imagen muy positiva que realmente no se ajusta a lo interior. *La soberbia es concéntrica, la vanidad es excéntrica*. La primera tiene su centro de gravedad dentro de la persona, en los territorios profundos de la arqueología íntima. La segunda es más periférica, se instala en los aledaños de la ciudadela interior. *La soberbia es subterránea*. Mientras que *la vanidad está en la pleamar del comportamiento: asoma y busca mostrarse*. En la *soberbia* hay una enfermedad en el modo de estimarse uno a sí mismo, en una pasión que tiene sus raíces en los sótanos de la personalidad, en el cuarto de máquinas, donde arranca por exceso de autoestima. En la *vanidad* la estimación exagerada viene de fuera y se acrecienta en el elogio, la adulación, el halago, la coba más o menos obsequiosa, que lleva a dilatar alguna faceta externa y que de verdad tiene un fondo falso, porque no contempla más que un segmento de su persona.

En la soberbia y en la vanidad hay una sublevación del amor propio, que pide un reconocimiento general. La primera es mucho más fuerte y grave[3] porque se suele añadir la dificultad para descubrir los propios defectos en una cierta justa medida, ya que lo positivo se percibe que lo

3. Al soberbio le afectan relativamente poco el halago o la crítica por la enorme superioridad que siente. Pero a la vez, todo le parece poco. El soberbio permanece encerrado en su geografía ampulosa.

abarca todo. Se maximizan lo positivo y lo logrado, mientras que se minimizan lo negativo y los fallos. En la segunda, en la *vanidad*, todo es más ilusorio y fugaz[4], se refiere más *a la fachada de la persona y es una forma ridícula del amor propio*. Es la *vanagloria*, una *gloria con poco fundamento*. Por eso es más suave y liviana que la primera. Casi nadie escapa de la vanidad, antes o después. Nos pasa a todos y es bueno tener cerca a alguien que nos ayude a corregirla, que nos llame la atención para escapar de esa red necia, burlesca, esperpéntica... Pues si nos miramos a fondo y con espíritu crítico, nos damos cuenta de que no tiene sentido ese sentimiento de echarnos flores sobre nosotros mismos.

A modo de colofón

Entre soberbia, orgullo y vanidad hay grados, matices, vertientes y cruces recíprocos. Es una geografía imprecisa en donde las fronteras pierden sus límites y unas se cuelan

4. Montaigne dedicó un ensayo a este tema, *De la vanidad* (Payot, París, 1953, III, 9). La vanidad es un viento divertido que no va a ninguna parte, que no tiene nada que demostrar, que se complace en la agitación y en el vaivén de ir y venir, exaltando lo de fuera. Pascal, en sus *Pensamientos*, nos dice literalmente lo siguiente: «La vanidad está tan anclada en el corazón del hombre que un soldado, un granuja, un cocinero o un mozo de cuerda se jactan de su oficio y quieren tener sus admiradores; también les pasa a los filósofos y a los que escriben en contra de ellos: quieren alcanzar también la gloria». Dice Baruch Spinoza: «La mejor cura contra la vanidad es la risa». El Eclesiastés lo dice de un modo contundente: «Vanidad de vanidades, todo es vanidad».

y mezclan con las otras. El estudio por separado es relativamente claro, pero una cosa es definirlas y precisarlas y otra muy distinta reconocer las frecuentes imbricaciones que mantienen. Pero lo interesante es que por el derrotero de las tres uno se desliza hacia el *narcisismo*, que es un patrón de conducta presidido por un complejo de superioridad acompañado de la necesidad patológica del reconocimiento de la propia valía por parte del entorno y la permanente autocontemplación gustosa.

Christopher Lasch, en su libro *La cultura del narcisismo*, dice que este es un emblema de nuestro tiempo, especialmente en el mundo anglosajón. Freud puso de moda el vocablo, recordando la planta del narciso que crece a orillas de los estanques y se mira en el espejo que el agua le ofrece. Y Lipovetsky, en su texto *La sociedad perdida*, habla del desmedido interés que siente nuestra sociedad por la *propia imagen*. Esto afecta a la cultura del cuerpo, a la impresión que causamos a los demás, a cuidar la apariencia externa, etc. Todo buscando una especie de aprobación de los demás. El análisis se complica más de lo que quisiéramos y hay un terreno magnético e imantado entre estas tres estirpes[5].

La clave en positivo la resumiría en esta aspiración: *la sencillez de los sabios y la sabiduría de los santos*. Esa es la

5. Solo el amor puede corregir de verdad a una persona. Estos tres hechos de la conducta, *soberbia-orgullo-vanidad*, no pueden ser combatidos solo con la inteligencia, por la tendencia que tenemos tan arraigada a la *deformación de la percepción de la realidad personal*. En positivo, en creernos más de lo que somos.

meta elevada a la que podemos aspirar. El propósito es exigente, pero solo el hecho de planteárnoslo ya indica un buen tono y equilibrio personal. Cuando hay madurez de verdad se sabe relativizar la propia importancia. Ni uno se hunde en sus defectos ni se exalta en exceso en sus logros. Hay moderación en la apreciación de uno mismo. Y al mismo tiempo tiene capacidad para ver lo bueno que aparece en los otros que le rodean. *Saber mirar es saber amar.*

BIBLIOGRAFÍA

ALONSO FERNÁNDEZ, F., *El talento creador*, Temas de Hoy, Madrid, 1992

ALONSO PUIG, M., *Reinventarse*, Plataforma, Barcelona, 2010.

AMERICAN ACADEMY OF PEDIATRICS, «Policy Statement on Media Use by Children Younger than 2 Years», *Pediatrics*, 128 (5), 2011, pp. 1040-1045.

ANDERSON *et al.*, *Cognitive Process Analyses of Learning and Problem Solving*, Hillsdale, Nueva York, 1994.

BADDELEY, A., *Working memory*, Clarendon Press, Oxford, 1996.

BALTES, P. B., y Brim, O. G., *Life-Span Development and Behavior*, Academic Press, Nueva York, 2000.

BECK, A., *Terapia cognitiva de los trastornos de personalidad*, Paidós, Barcelona, 2011.

BERREY, J. W., *Intelligence and Learning*, Plenum, Nueva York, 1981.

BOVASSO, G. B., «Cannabis Abuse as a Risk Factor for Depressive Symptoms. *Am. J. Psychiatry*, 158, 2001.

BROWN, A. L., *Children's Thinking: What Develops?*, Hillsdale, Los Ángeles, 1998.

CABALLO, V. (dir), *Manual para la evaluación clínica de los trastornos psicológicos*, Pirámide, Madrid, 2008.

CADET, J. L., *et al.*, «Neurological Assessment of Marijuana Users», *Methods Mol. Med.*, 2006.

CARRILLO, R., *La inteligencia motivacional*, Cuéllar, México, 2001.

COFER, C. N., APPLEY, M. H., *Psicología de la motivación. Teoría e investigación*, Biblioteca Técnica de Psicología, Madrid, 2011.

CROXSON, P. L., WALTON, M. E., O'REILLY, J. X., BEHRENS, T. E., RUSHWORTH, M. F., «Effort-Based Cost-Benefit Valuation and the Human Brain», *J. Neurosci.*, abril de 2009.

ECHEBURÚA, E., DE CORRAL, P., «Adicción a las nuevas tecnologías y a las redes sociales en jóvenes: un nuevo reto», *Adicciones*, 22 (2), 2010.

EYSENCK, H. J., *A Model for Intelligence*, Springer Verlag, Londres, 1982; *Fact and Fiction in Psychology*, Penguin Books, Londres, 2002.

FRANKL, V., *El hombre en busca de sentido*, Herder, Barcelona, 2004.

FRY, P. S., *Changing Conceptions of Intelligence and Intellectual Functioning: Current Theory and Research*, North-Holland, Ámsterdam, 1994.

GAN, J. O., WALTON, M. E., PHILLIPS, P. E., «Dissociable Cost and Benefit Encoding of Future Rewards by Mesolimbic Dopamine», *Nat. Neurosci.*, 13 de enero de 2010 (1).

GENER, R., *Si Beethoven pudiera escucharme*, Now Books, Barcelona, 2014.

GOLEMAN, D., *Los caminos de la meditación*, Kairós, Barcelona, 1996; *Inteligencia emocional*, Kairós, Barcelona, 2006.

GOTTMAN, J., *What Predicts Divorce?*, Hillsdale, Nueva Jersey, 2003. Se puede consultar igualmente el libro de Gottman y Silver, en español, *7 reglas de oro para vivir en pareja*, Random House Mondadori, Barcelona, 2011.

GUILFORD, J. P., «Creativity», *American Psychologist*, 5, pp. 444-454, 1950.

HEIDEGGER, *Ser y tiempo*, Fondo de Cultura Económica, México, 1951.

JOSEPH, R., *Evolution and the Languages of the Brain and Body*, Plenung Publishing, Nueva York, 2003.

KABAT-ZINN, J., *Wherever You Go, There You Are*, Hyperion, Nueva York, 2004.

KAHNEMAN, D., *Pensar rápido, pensar despacio*, Debate, Barcelona, 2013.

KHALFA, J., *What is Intelligence?*, Cambridge University Press, Londres, 2004.

KÖHLER, W., *An Introduction to the New Concepts in Modern Psychology*, Liveright, Nueva York, 1967.

KRECHEVSKY, M., *Multiple Intelligences: Theory and Practice*, Howard Gardner, Boston, 2003.

KUHN, T. S., *The Structure of Scientific Revolutions*, Chicago University Press, Chicago, 1990.

LAZARUS, R. S., y FOLKMAN, S., *Estrés y procesos cognitivos*, Martínez Roca, Barcelona, 1986; *Stress, Appraisal and Doping*, Springer Publishing Company, Nueva York, 2002.

LEAR, J., *Aristóteles. El deseo de comprender*, Madrid, Alianza, 1994.

L'ECUYER, C., *Educar en la realidad*, Perspectiva, Madrid, 2011.

LEWIS, M., y HAVIKAND, J., *Handbook of Emotions*, Guilford Press, Nueva York, 2003.

LIPSETT, L., y REESE, H., *Advances in Child Development and Behaviour*, Academic Press, Nueva York, 1989.

MAHONEY, M, *Psicoterapias cognitivas y constructivas*, Desclée de Brouwer, Bilbao, 1995.

MANDELA, N., *Un camino nada fácil hacia la libertad*, Zanzíbar, Madrid, 2005.

MARINA, J. A., *Teoría de la inteligencia creadora*, Anagrama, Madrid, 1993.

MASLOW, A., *A Theory of Human Motivation*, Sublime Books, Nueva York, 1943.

MATARAZZO, J. D., *Wescheler's Measurement and Appraisal of Adult Intelligence*, William & Wilkins, Baltimore, 1982.

MAYOR, J., *Actividad humana y procesos cognitivos*, Alhambra Universidad, Madrid, 1998.

MCCLELLAND, D. C., «Testing for Competence Rather than for Intelligence», *American Psychologist*, 28, 1-4, 1973.

MILLON, T., *Theories of Psychopathology*, Saunders, Filadelfia, 1979; *Trastornos de la personalidad. Más allá del DSM-IV*, Masson, Barcelona, 1998.

MISCHEL, W., *El test de la golosina*, Debate, Barcelona, 2015.

MONTAIGNE, M. DE, *De la vanidad*, Payot, París, 1953.

MORO, T., *Un hombre solo: cartas desde la cárcel*, Rialp, Madrid, 1988.

NARANJO PEREIRA, M. L., «Motivación: perspectivas teóricas y algunas consideraciones de su importancia en el ámbito educativo», *Educación*, vol. 33, n.º 2, Universidad de Costa Rica San Pedro, Montes de Oca (Costa Rica), 2009, pp. 153-170.

ONGALLO, C., *La batalla por el talento: reflexiones para los universitarios que entran en el mundo laboral*, Centro Universitario Plasencia (Cáceres), 3 de marzo de 2016.

OSGOOD, C., *et al.*, *The Measurement of Meaning*, Illinois University Press, Urbana, 1977.

PATTON, G. C., *et al.*, «Cannabis Use and Mental Health in Young People: Cohort Study», *BMJ*, 2002.

PIAGET, J., *The Psychology of Intelligence*, Littlefield Adams, Totowa, Nueva Jersey, 1992; *El nacimiento de la inteligencia en el niño*, Morata, Madrid, 1971.

RAMÓN Y CAJAL, S., *Los tónicos de la voluntad*, Espasa-Calpe, Madrid, 1941.

ROSS, W. D., *Teoría de las ideas de Platón*, Madrid, Cátedra, 1993.

ROVAI, L., *et al.*, «Negative Dimension in Psychiatry. Amotivational Syndrome as a Paradigm of Negative Symptoms in Substance Abuse», *Riv. Psichiatr.*, enero-febrero de 2013.

SÁNCHEZ, J. R., *La vida oculta de Fidel Castro*, Península, Barcelona, 2014.

SANTROCK, J., *Psicología de la educación*, McGraw-Hill, México, 2002.

SCHMIDT, L., LEBRETON, M., CLÉRY-MELIN, M. L., DAUNIZEAU, J., PESSIGLIONE, M., «Neural Mechanisms Underlying Motivation of Mental Versus Physical Effort», *PLoS Biol*, febrero de 2012.

SELIGMAN, M., *Authentic Happiness: Using the New Positive Psychology to Realize your Potential for Lasting Fulfillment*, Simon and Schuster, Nueva York, 2011.

SIEGLER, R. S., *Mechanisms of Cognitive Growth: Variation and Selection*, Cambridge University Press, Cambridge, 2004.

SOLZHENITSYN, A., *Archipiélago Gulag*, Tusquets Editores, Barcelona, 2005.

STERNBERG, R. J., *Human Abilities: an Information Processing Approach*, Freeman, San Francisco, 1998; *Beyond, I. Q.: A Triarchic Theory of Human Intelligence*, Cambridge University Press, Londres, 1999; y WAGNER, R. K., *Practical Intelligence*, Cambridge University Press, Nueva York,1999; *Más allá del cociente intelectual*, Desclée de Brouwer, Bilbao, 2001; *Intelligence, Information Processing and Analogical Reasoning: the Componential Analysis of Human Abilities*, Erlbaum, Hillsdale, 2007.

TAL BEN SHAHAR, *Happier*, McGraw-Hill, Nueva York, 2015.

THURSTONE, L. L., *Multiple Factor Analysis of Intelligence*, University of Chicago Press, Chicago, 1967.

TOCQUET, R., *Les pouvoirs de la volonté*, Godefroy, París, 1986.

TZIRAKI, S., «Trastornos mentales y afectación neuropsicológica relacionados con el uso crónico de cannabis», *Rev. Neurol.*, 54, 2012.

VAILLANT, G., *Adaptation to Life*, Little Brown, Boston, 2007.

VAN DOREN, Charles, *Breve historia del saber. La cultura al alcance de todos*, Planeta, Barcelona, 2006.

VERNON, P. E., *Intelligence: Heredity and Enviroment*, Freeman, San Francisco, 1999.

VIGOTSKY, J., *Pensamiento y lenguaje*, La Pléyade, Buenos Aires, 1984.

WECHLER, D., *The Measurement and Appraisal of Adult Intelligence*, Williams & Wilkins, Baltimore, 1950.

YOUNG, P. T., *Motivation and Emotion*, Bolton, Nueva York, 1961.

ZIGLER, E., y BALLA, D., (eds), *Mental Retardation: the Developmental Difference Controversy*, Erlbaum, Nueva York, 2002.

ÍNDICE DE AUTORES

ÍNDICE DE MATERIAS

Una guía clara y precisa para reconocer lo que sentimos y así tener el control y alcanzar el equilibrio emocional.

Biblioteca Enrique Rojas en Booket:

booket